Benjamin Idriz
Der Koran und die Frauen
Ein Imam erklärt
vergessene Seiten
des Islam

INHALT

**VORWORT
WARUM ICH ÜBER FRAUEN
UND DEN KORAN SCHREIBE** 7

**DIE STELLUNG DER FRAU IN
VORISLAMISCHER ZEIT UND WIE
DER KORAN DARAUF REAGIERT** 22

**Glaubensvorstellungen und Rituale
aus vorislamischer Zeit** 24

**Frauen-, Familien- und zivilrechtliche Themen
aus vorislamischer Zeit** 26

   Verschiedene Arten von Ehe 26

   Die zeitlich begrenzte (Genuss)-Ehe 28

   Heimliche und außereheliche Beziehungen 29

   Polygamie 30

   Ehe mit minderjährigen Mädchen 34

   Ehescheidung 37

   Wartezeit nach der Scheidung und Trauerzeit 41

   Erbrecht 42

Zusammenfassung 47

**NACH ALTEM UND NEUEM TESTAMENT:
MIT DEM KORAN AUF DEM REFORMWEG** 52

   Enttabuisierung der Frauenthemen im Koran 54

   Die Gleichberechtigung der Geschlechter 59

**Wiegt das Zeugnis eines Mannes doppelt
so viel wie das einer Frau?** ... 71

**Wurde die Frau aus der Rippe
des Mannes erschaffen?** ... 80

Stehen die Männer über den Frauen? ... 86

Gewalt gegen Frauen: »Dann schlagt sie?!« ... 91

DER PROPHET – EIN KÄMPFER FÜR FRAUENRECHTE ... 101

**Das negative Frauenbild der
nachprophetischen Zeit** ... 109

Umgang mit Überlieferungen ... 119

DIE FRAU IN DER MOSCHEE ... 122

**Was der Koran und der Prophet über Frauen
in der Moschee sagen** ... 122

Kann eine Frau Imamin werden? ... 126

Freitags- und Festgebet für Frauen ... 132

Die menstruierende Frau und das Fasten ... 140

BEDECKUNG ALS ETHISCHE UND ÄSTHETISCHE PFLICHT ... 143

Die innerliche Bedeckung ... 143

Die äußerliche Bedeckung ... 145

Das unbedeckte Gesicht 150

Reinlichkeit und Ästhetik 152

MÄNNER UND DIE »72 JUNGFRAUEN«
IM PARADIES 155

EIN ABSCHLIESSENDES WORT AN DIE
MUSLIMISCHE FRAU IN DEUTSCHLAND,
DIE HEIRATEN ODER SICH SCHEIDEN
LASSEN WILL 160

Literatur 167

Anmerkungen 175

VORWORT
WARUM ICH ÜBER FRAUEN UND
DEN KORAN SCHREIBE

> *»Alle Indizien sprechen dafür, dass die Zukunft des Islam im Westen nicht nur von den gewiss nicht gerade unterkühlten Themen ›Menschenrechte‹ und ›Demokratie‹ abhängt, sondern in allererster Linie von der Bewältigung des heißen Eisens ›Frau‹.«*
> Murad Wilfried Hofmann (geb. 1931)

Soweit mir bekannt ist, hat sich in der Geschichte der Muslime noch nie jemand eingehend mit der Stellung des Mannes im Islam beschäftigt. Vielleicht liegt das daran, dass Gott selbst sich in seiner Offenbarung bei Geschlechterfragen ausdrücklich zur Frau geäußert hat. Es gibt keine Sure namens »Die Männer« im Koran, wohl aber eine Sure »an-Nisa'/Die Frauen« (Sure 4). Die islamische theologische Literatur zum Thema Frau ist umfangreich. In der islamischen Welt, also in überwiegend von Musliminnen und Muslimen bevölkerten Ländern, waren und sind die Verfasser solcher Werke jedoch überwiegend Männer, während in den westlichen Ländern deutlich mehr Frauen Stellung beziehen. Allerdings stehen gerade Autorinnen mit muslimischem Namen aufgrund negativer biografischer Erlebnisse dem Islam oft kritisch bis feindselig gegenüber.

Ich selber unterscheide mich von anderen Autoren und Autorinnen darin, dass ich die Gedanken, die ich hier niederschreibe, mit anderen gläubigen Männern und Frauen teile. Ich schreibe nicht aus der Distanz einer akademischen Forschungsposition heraus, sondern ich schreibe über das, was in meinen täglichen Gesprächen, in meinen Vorträgen und in meinen Freitagspredigten Thema ist. Was hier debattiert wird, findet in meiner Gemeinde statt, und die Ziele, die hier vertreten werden, werden dort in die Praxis umgesetzt und verwirklicht. Dabei wirke ich in der Wahrnehmung dessen, was ich schreibe und predige, in einem heute noch immer mehr männlich als weiblich geprägten Umfeld, wo es durchaus einer festen Entschlossenheit bedarf, vielleicht auch einigen Mutes, um diese Positionen öffentlich zu vertreten und zu verfolgen.

Zur heftig debattierten Frage nach der Frau im Islam stehen Behauptungen und Positionen im Raum – und zwar sowohl von islamophober, wie auch von islamophiler Seite –, die zurechtgerückt werden müssen. Das Frauenthema im Islam ist von Anfang an eng mit dem Koran verbunden. Will man sich zu diesem Thema äußern, so sollte man mit der heiligen Schrift des Islam vertraut sein, um Missbrauch und Desinformation – egal von welcher Seite – zu erkennen und zu vermeiden. Denn allzu oft sind im Namen des Islam – nicht nur in der Frauenfrage – Worte und leider auch Taten in die Welt getragen worden, die diametral gegen den Koran und damit gegen Gott und Seinen Gesandten gerichtet sind.

In unserer Geschichte finden sich zu allen Zeiten und über alle Länder und Religionen hinweg immer wieder wirkmächtige negative Frauenbilder, die sich bis heute fortschreiben. Auch Muslime bilden hinsichtlich dieses kulturgeschichtlichen Problems leider keine Ausnahme und haben es ebenso wenig wie andere Glaubensrichtungen geschafft, sich selbst oder die Gesellschaft von dieser negativen Entwicklung zu befreien. Es ist sogar so, dass uns Muslime das Thema »Frauen im Islam« in besonderem Maße belastet. Ich kann mich an keinen einzigen Vortrag vor Nicht-Muslimen erinnern, bei dem ich nicht aus dem Publikum heraus kritisch über die Rolle der Frau befragt worden wäre. Muslimischen Männern wird vor allem vorgeworfen, sie betrachteten und behandelten die Frauen als zweitrangige Geschöpfe.

Wenn Kritiker, vor allem solche aus dem Westen, Muslime mit entsprechenden Vorhaltungen konfrontieren und behaupten, der Islam lehre, dass eine Frau weniger wert sei als ein Mann, dann wird von Muslimen oft mit einschlägigen Aussagen, wie zum Beispiel »Der Islam hat den Frauen den höchsten Stellenwert eingeräumt« gekontert. Trotz der Richtigkeit dieser Aussage, wird damit das Problem aber oft tabuisiert. Denn solch apologetische Rechtfertigungsbemühungen von Muslimen taugen weder als glaubhafte Erwiderungen, noch werden sie zur Verbesserung der Lage der Frau in muslimischen Gesellschaften führen. Muslime sind, bewusst oder unbewusst, mit den Standards, die der Koran selbst setzt und einfordert, in Konflikt geraten. Sie können diesen Standards erst gerecht werden, wenn sie auch die Frau unter dem Blickwinkel jener allgemeinen Werte beurteilen, die der Koran fordert, wie zum Beispiel: Gerechtigkeit. Eine praktizierende und hoch gebildete Muslimin beklagte sich einmal bei mir: »Die Muslime, besonders die Religionsgelehrten, reden und predigen viel von Gerechtigkeit, aber uns Frauen behandeln sie ungerecht. Wir dürfen nicht einmal bei der Eheschließung mit demselben Recht wie ein Mann als Trauzeuge auftreten!« Nur durch solches Hinterfragen und durch Selbstkritik können Muslime den hohen Ansprüchen, die die Offenbarung Gottes an uns richtet, gerecht werden und die im Koran gesetzten Ziele erreichen.

In neuerer Zeit arbeiten muslimische Autorinnen und Autoren intensiv an der Überwindung einiger diskriminierender Missstände zwischen Männern und Frauen. Besonders fundiert gehen dabei meines Erachtens zum Beispiel die Arbeiten der Autorin Hidayet Şefkatlı Tuksal: *Die Projektion der frauenfeindlichen Rhetorik in der islamischen Tradition*[1], des Autors Mustafa Öztürk: *Die Frau von der Dschahiliya (vorislamischen Zeit) zum Islam*[2], von Ibrahim Sarmış: *Die negative Wahrnehmung von der Frau in der Kultur der Überlieferung*[3] und von Ali Osman Ateş: *Die Frau im auf Hadithen begründeten Klischee*[4] vor.[5] Leider bleiben diese Werke, wie viele Arbeiten der islamischen Theologinnen und Theologen in der Türkei, die dort in wissenschaftlichen Kreisen große Anerkennung finden, außerhalb des Landes weitgehend unbeachtet. Bedauerlicherweise wird türkische theologische Fachliteratur in der Regel weder ins Deutsche noch ins Arabische übersetzt. Solche Forschungsarbeiten sind jedoch gerade heute notwendig und müssten auch stärker von männlicher Seite selbstkritisch beziehungsweise mit mehr Mut für eine aufrichtige Auseinandersetzung mit der Frauenthematik eingebracht werden.

Für die bosnische islamische Zeitung *Preporod* schrieb ich bisher fünf Artikel zum Thema Frauen und Islam. Fast jeder erntete gleichermaßen Kritik und Zustimmung. Die Kritik ging von Männern aus, jedoch auch die Zustimmung kam überwiegend von Männern, die mich ermutigten weiterzuschreiben. Im Sommer 2018 machte ich mich in Bosnien-Herzegowina und in Mazedonien auf die Suche nach Literatur von einheimischen, bosnisch-albanischen, europäischen Autoren oder Autorinnen über Frauenthemen im Koran und im Islam. Ich fand, zu meinem großen Bedauern, kein einziges Buch! Die wenigen Titel, auf die ich stieß, stammten von arabischen Autoren, die weit weg von Europa lebten. Mein Wunsch ist es nun, dieses Buch auch in andere europäische Sprachen zu übersetzen, um damit anzufangen, diese große Lücke zu schließen.

Das vorliegende Buch basiert auf dem letzten Kapitel meiner Dissertation: Die »horizontalen Aspekte im Islam« (Universität Novi Pazar, Serbien, 2016). Darin plädiere ich dafür, dass in der islamischen Theologie nicht vertikale Verhältnisse, sondern horizontale erkannt werden sollten: zwischen Wort-Gottes und Mensch, zwischen Theologie und Anthropologie, zwischen islamischem Recht und Gesellschaft, zwischen Mann und Frau. Das Gütersloher Verlagshaus hat mich ermutigt, diesen letzten Teil separat in deutscher Übersetzung und Neubearbeitung herauszugeben. Daraus resultierte eine neu strukturierte, stark ergänzte und erweiterte Fassung. Das Buch versucht zuerst eine Analyse der Koranstellen[6], die sich mit Frauenthemen befassen, um deutlich zu machen, dass die Intention des Korans darin besteht, Normen und Verhältnisse, die zur Zeit seiner Offenbarung herrschten, zugunsten der Frau aufzubrechen und zu reformieren. Dieser Prozess der Veränderung und Entwicklung zum Besseren ist aber nicht abgeschlossen. Der Koran bietet uns dazu Inspiration, Orientierung und Rahmenbedingungen. Das theologische Prinzip des *idschtihad*, das heißt des intellektuellen Bemühens, erlaubt uns Muslimen – und fordert uns dazu auf –, uns innerhalb dieses Rahmens weiterzubewegen und neue Impulse zu setzen.

Diese neuen Gedanken und Impulse stoßen freilich oft auf Ablehnung. Schon in der ersten Generation der Zeitgenossen und Gefährten des Propheten Muhammed waren traditionsverhaftete, an Sitten und Kultur ausgerichtete Muslime nicht immer begeistert von manchen Innovationen, die der Koran und der Prophet einführten, wie hier an einigen Beispielen aufgezeigt werden wird. Der Ägypter Muhammad al-Ghazali (gest. 1996), ein einflussreicher Religionsgelehrter des 20. Jahrhunderts (und nicht zu verwechseln mit dem bedeutenden persischen Gelehrten gleichen Namens aus dem Mittelalter) kam in seinem kontrovers rezipierten Werk *Das Verständnis der Sunna zwischen Rechtsgelehrten und Hadithgelehrten*[7] zu dem Ergebnis, dass eine Frau durchaus Staatspräsidentin eines muslimischen Landes werden könne. Wie viele Gelehrte vor ihm, die sich in ihren Schriften, Vorträgen und sonstigen Aktivitäten um eine Verbesserung der Stellung der Frau bemühten, löste auch al-Ghazali heftige Kritik und Aufregung aus. Diese Kritik geht in der Regel von Männern aus, die meinen, die Quellen der Religion wortgetreu verstehen und umsetzen zu müssen. Doch es sind nicht Texte und Zitate selbst, die die Religion ausmachen, sondern die Ziele (arabisch *maqasid*), an die diese Texte heranführen sollen. Sie sind im realen Leben selbst zu suchen und in der Würde des Menschen zu finden.

Weil sich die vom Koran geforderte Gleichheit der Männer und Frauen in der Lebenspraxis der Muslime nicht in wünschenswertem Maß niedergeschlagen hat, konnte sich im Laufe der Zeit unter den Muslimen ein ausgesprochen frauenfeindlicher religiöser Diskurs entwickeln. Diese negative Entwicklung hat nicht nur das religiöse Leben beeinflusst, sondern sie stellt auch einen maßgeblichen Faktor für die Rückständigkeit muslimischer Gesellschaften dar. Typische Beispiele für die Aufwertung des Mannes und die untergeordnete Stellung der Frau im religiösen Bereich sind der Ausschluss der Frauen vom Freitags- und Festgebet, der nicht theoretisch begründet ist, aber praktisch stattfindet, ihre Benachteiligung bei der Erbverteilung, die Legitimierung angeblich religiös begründeter Gewalt gegen Frauen, von Polygamie und einer Rechtspraxis, nach der die Zeugenaussage eines Mannes doppelt so viel zählt als die einer Frau. Dieses Verhältnis zum weiblichen Geschlecht wird manchmal mit dem Koran begründet und häufiger noch mit Hadithen, das heißt mit Aussagen, die dem Propheten zugeschrieben werden – in jedem Fall aber mit Behauptungen, die in offenem Widerspruch zum Geist und zur Logik des Islams stehen. Der Ägypter Qasim Amin (gest. 1908) bezeichnete als wahren Hintergrund dieser Benachteiligung einen traditionsgeprägten »Mischmasch, den die Leute als Religion bezeichnen und Islam nennen«. Schon damals sah er einen Zusammenhang zwischen der Rückständigkeit hinsichtlich der Stellung der Frau und der Rückständigkeit einer ganzen Nation.[8]

Für muslimische Männer ist es verpflichtend, die eigene Haltung zu den Frauen im Islam selbstkritisch zu hinterfragen. Sie haben die Frau als ebenbürtiges menschliches Geschöpf zu akzeptieren, das im Islam die gleichen Rechte und die gleiche menschliche Würde hat wie sie selbst. Zu dieser vernünftigen Ansicht kann ein Muslim als Mensch wie als Gläubiger nur mithilfe des Korans gelangen: nämlich durch eine reflektierte Koranlesung im Kontext seiner Entstehung. Wenn wir die Lage der Frau aus dem Blickwinkel des Korans und des Propheten, der ein Vorbild für uns ist, betrachten, kommen wir zu einem ganz anderen Bild als dem, was gemeinhin für vermeintlich typisch »muslimisch« gehalten wird. Ein respektvolles Miteinander ist nur dann zu erreichen, wenn Männer und Frauen anstelle einer Über- und Unterordnung eine horizontale Beziehung zueinander entwickeln und einen gleichberechtigten Dialog miteinander führen. Frau und Mann sind wie zwei Hälften eines Apfels. Nicht anders ist die Haltung des Korans zur Frau, und der Prophet hat sie so und nicht anders in die Lebenspraxis umgesetzt. Alle Überlieferungen in Form von Sprüchen oder Erzählungen, die diesem koranischen Prinzip und dem Vorbild des Propheten widersprechen, sind später entstanden und führen in die Irre. Sie sind bis zum heutigen Tag von anhaltender negativer Auswirkung auf die Behandlung der Frau geblieben. Viele Muslime haben auf der Grundlage einzelner Zitate und Überlieferungen ihr Glaubensverständnis pervertiert. Muhammad al-Ghazali dazu: »Einige Muslime stellen ihre Religion verfälscht dar, mit strengem Stirnrunzeln, in einer unsympathischen Art und Weise. Dann beklagen sie, dass die Menschen den Islam ablehnen oder sogar hassen. Müssten diese Irrsinnigen nicht eingesperrt oder ausgepeitscht werden, weil gerade sie die Menschen von der Wahrheit des Islams fernhalten?!«[9] Damit ist zwar zum Ausdruck gekommen, dass sich in Sachen Frau im Islam etwas ändern sollte, aber noch nicht, was sich (aus westlicher Sicht) ändern müsste und was sich (aus islamischer Sicht) ändern könnte, wenn man mit Koran und Sunna verantwortlich umgeht. Denn schließlich geht es gläubigen Muslimen nicht um Reformation, sondern um Renaissance, und zwar ohne Imitation des Westens und ohne bloße Imitation der Vergangenheit.[10]

Meine Intention ist es, die Ursachen des negativen Frauenbildes bei manchen Muslimen zu untersuchen und zu hinterfragen. Ich stoße dabei auf den Koran, der für uns nicht nur als primäre und sicherste Quelle gilt, sondern die ewige und tröstende Botschaft Gottes ist. Der Prophet, Friede sei auf ihm, hat den Koran praktisch umgesetzt. Somit sind also der Koran und der Prophet zwei Seiten derselben Medaille. Die Zuverlässigkeit der Überlieferungen, Aussagen und Interpretationen, die in den Büchern außerhalb des Korans entstanden sind, ist abhängig vom Koran: Stimmen sie mit dem Koran überein, dann sind sie authentisch und korrekt. Wenn sie dem Koran widersprechen, verdienen sie folglich keine Beachtung.

Mein Vater, mein Vorbild

Es gibt unzählige Beispiele für Menschen weltweit, die sich ernsthaft um die Verbesserung der Stellung der Frau bemühen und auf Ablehnung stoßen. Einer dieser Menschen war mein Vater Hafiz Idriz Idriz (gest. 2005). Er wuchs, wie später auch ich, in einer konservativen Familie auf und in einem Umfeld, das Frauen im Bereich der Bildung benachteiligte. Aus Angst vor einer kommunistischen und atheistischen Erziehung im damaligen Jugoslawien haben viele muslimische Eltern in den 1960er- und 1970er-Jahren ihre Töchter nicht in die Schule gesandt. So blieben meine beiden Schwestern, wie viele andere Mädchen auch, ohne Schulbildung. Später hat mein Vater dieses Vorgehen, das dem Druck aus seinem damaligen Umfeld geschuldet war, bitter bereut. Er hatte inzwischen verstanden, wie wichtig es ist, zweierlei zu unterscheiden: zwischen Tradition, die menschlich ist, und Religion, die göttlich ist.

Ich habe das anhand zahlreicher Streichungen erkannt, die er in dem Buch Muhammad al-Ghazalis, *Frauenfragen zwischen Traditionen,* vorgenommen hat. Als ich in Damaskus ein theologisch ausgerichtetes Gymnasium besuchte, bat er mich, von dort neue theologische Literatur mitzubringen. So verfolgte er die zeitgenössischen Debatten und Entwicklungen in der muslimischen Welt. In Mazedonien war er der erste Imam überhaupt, der einen Vortrag explizit nur für Frauen in einer Moschee anbot. Während Frauen ansonsten in den Moscheen noch ausgeschlossen waren, begann er in den 1980er-Jahren damit, Vorträge im Ramadan ausschließlich für Frauen in einer Moschee in Skopje zu halten. Der Andrang war groß, Frauen überfüllten die Moschee und waren durstig nach islamischem Wissen. Je größer der Zuspruch für diese Vorträge aber wurde, desto stärker wurde die Kritik durch erzkonservative Kräfte. Die Anwesenheit fremder Frauen wurde ihm zum Vorwurf gemacht. Der Druck wurde schließlich so groß, dass mein Vater mit den Vorträgen aufhören musste. Dennoch hat er seine progressiven Ideen nicht aufgegeben. Meine Schwestern lernten unter Anleitung meines Vaters zusammen mit zwei Freundinnen den Koran auswendig. Als sie die Koranrezitation dann beherrschten, ließ mein Vater sie im Monat Ramadan in der Moschee öffentlich, also vor allem vor Männern, rezitieren. Die Stimme meiner Schwester war besonders schön und begeisterte die gläubigen Männer und Frauen. Die Aladscha-Moschee war die bekannteste und meistbesuchte der Stadt. Wieder musste mein Vater dafür Kritik und Ablehnung ertragen: »Die Stimme der Frau ist Sünde!«, wurde ihm voller Empörung entgegengehalten. Tatsächlich haben Muslime nicht nur in der Vergangenheit darüber debattiert, ob die Stimme zum *aura* genannten Tabubereich des weiblichen Körpers gehört, der vor Fremden verborgen werden muss.

Mein Vater ist inzwischen verstorben, und diejenigen, die ihn damals für seine offene Haltung kritisiert haben, sind es auch. Über das, was mein Vater damals angestoßen und bewegt hat, wird heute allerdings mit hoher Achtung gesprochen. Möge Gott sich seiner erbarmen!

Inspiriert von der Arbeit meines Vaters schrieb ich im Jahr 1994 meine Abschlussarbeit am Gymnasium in Damaskus über *Die Emanzipation der Frauen in der Zeit des Propheten*. Eine Hauptquelle war dabei für mich das sechsbändige Werk des ägyptischen Gelehrten Abdulhalim Abu Shuqa (gest. 1995), der ausführlich die Emanzipation der Frau zur Zeit der prophetischen Botschaft untersucht hatte.

Wenige Jahre später bekam ich von der Penzberger Gemeinde in Deutschland das Angebot, als ihr Imam tätig zu werden. Als ich dort anfing, waren Frauen in der Gemeinde weniger präsent als Männer. Der Vorstand war vollständig mit Männern besetzt. Die meisten Frauen blieben der Moschee fern. Als ich zum ersten Mal einen Vortrag nur für Frauen anbot, waren manche Männer nicht begeistert. Aber die Frauen kamen. Der damalige Gebetsraum war durch einen Vorhang in der Mitte in zwei Bereiche, für Männer und Frauen, geteilt. Die Frauen selbst baten mich, während des Vortrags den Vorhang zu schließen, sodass sie mich nicht sehen würden und ich sie nicht. Ich respektierte dies, aber die Situation war ungewöhnlich für mich und sicherlich auch für sie. Nach dem Vortrag erkundigte ich mich nach ihrer Zufriedenheit und ob wir die Veranstaltung wiederholen sollten. Alle waren dafür, solche Vorträge monatlich anzubieten. Beim zweiten Mal stellte ich am Beginn die Frage, wer von den Frauen, die in eine Schule gegangen waren, dort eine Lehrstunde mit einem Vorhang zwischen Lehrer und Schülern erlebt hätten. Natürlich hatte es dies nirgendwo gegeben und so fragte ich, warum denn das, was in der Schule völlig in Ordnung sei, in einer Moschee nicht sein solle? Der Vortrag konnte ohne Vorhang stattfinden, und seitdem gibt es in Penzberg keine Vorhänge mehr.

So begann und wuchs ein Vertrauen, wie es für zwischenmenschliche und zwischengeschlechtliche Kommunikation Voraussetzung ist. Motiviert von der Art und Weise der Arbeit meines Vaters, auch wenn die Zeiten und Verhältnisse einige Unterschiede bedingen, habe ich Frauen immer wieder ermuntert, in die Moschee zu kommen und an allen Aktivitäten teilzunehmen und die Gemeindearbeit mitzugestalten. Nach kurzer Zeit waren die Frauen aktiver als die Männer und aus der Moscheegemeinde nicht mehr wegzudenken. Sogar am Bauprojekt der neuen Penzberger Moschee waren sie genauso beteiligt wie die Männer. Ich habe immer wieder und wieder über Frauenrechte gepredigt und mich offen gegen Ausgrenzung, Diskriminierung und Gewalt positioniert. Manchmal war vielleicht die eine oder andere Predigt einigen Männern nicht recht. Aber ich habe keine großen Widerstände erfahren, ganz im Gegenteil. Was ich angestoßen und verändert habe, geschah Schritt für Schritt. Heute nehmen Frauen in meiner Gemeinde an den Freitagsgebeten wie an Festgebeten selbstverständlich teil. Ihr Platz steht auch dann nicht den Männern zu, wenn deren Bereich überfüllt ist. Frauen sind ebenso selbstverständlich im Vorstand wie Männer, sie entscheiden, prägen und gestalten das Leben der Gemeinde mit. Die Frau wendet sich im Gebetsraum ganz vorne an die Gemeindemitglieder, sie rezitiert den Koran, sie unterrichtet Islam. Das Verhältnis zwischen Männern und Frauen ist heute problemlos, die Kommunikation unter ihnen funktioniert reibungslos – vollkommen anders als früher!

Meine Frau Nermina war die erste Frau in der Gemeinde, die von Anfang an mein Bemühen in der Penzberger Moschee, andere Frauen zu motivieren, sich in der Gemeinde einzubringen, begleitet hat. Sie hat mich maßgeblich und kontinuierlich unterstützt. Ihr will ich hier meinen Dank in Demut aussprechen. Unsere Söhne Ammar und Emir haben mit ihrem scharfen Verstand und ihrem Talent zum Hinterfragen mich immer wieder neu zum Nachdenken gebracht. In Penzberg lernte ich das Ehepaar Yerli kennen, Gönül und Bayram. Beide haben mir und der Gemeinde immer ihre uneingeschränkte Unterstützung gestiftet: Bayram Yerli als Vorsitzender der Islamischen Gemeinde Penzberg und seine Gattin Gönül Yerli als Vize-Direktorin des Islamischen Forums. Meine Frau Nermina wirkt als Bildungsreferentin der Gemeinde. Die Vorstandsmitglieder wie auch die Mitglieder der Gemeinde, vor allem die weiblichen, haben die innovative Arbeit der Gemeinde maßgeblich vorangetrieben. Mein geschätzter Freund Prof. Dr. Stefan Jakob Wimmer (München), der mir beigebracht hat, wie die Deutschen ticken und wie Deutschland atmet, verdient meine Hochachtung – auch dafür, dass er mich während der Arbeit an diesem Buch konstruktiv begleitet hat. Meinem Mentor Dr. Mustafa Cerić, dem emeritierten *Raisu-l-ulema*, d.h. Oberhaupt der Islamischen Gemeinschaft von Bosnien und Herzegowina, schulde ich tiefen Dank und Respekt für die konstruktive Betreuung meiner Dissertation. Nicht zuletzt geht mein herzlicher Dank an Diedrich Steen vom Gütersloher Verlagshaus. Er kam nach der Veröffentlichung eines Interviews mit dem Titel »Wir müssen die Überlieferungen hinterfragen« auf www.qantara.de[11] auf mich zu und regte mehrere Buchprojekte an.

In unserem Haus in Skopje (Mazedonien) war in den Jahren, als ich dort aufwuchs, eine Frau besonders dominant: meine Tante Mensure. Sie war unverheiratet geblieben und wohnte mit uns zusammen. Neben meinem Vater war sie meine erste Koran-Lehrerin, und das war sie für Hunderte von Kindern. Sie war eine starke, autoritäre Frau, die über manche Männer bestimmte und ihrem Bruder, meinem Vater, dem hochangesehenen Imam, den Rücken stärkte. Meine inzwischen verstorbene Tante, meine sehr früh verstorbene Mutter, meine Stiefmutter, meine beiden Schwestern und schließlich meine Frau: Sie alle haben mich in meinem direkten Umfeld geprägt, motiviert, unterstützt, begeistert und inspiriert. Diesen Frauen, wie auch meinen Mitstreiterinnen und Kolleginnen, den Theologinnen, nicht zuletzt allen muslimischen und nicht muslimischen Frauen, die meine Gedanken mehr oder weniger teilen, widme ich dieses Buch!

Ich hoffe, dass dieses Buch Antworten auf einige Fragen bietet, die sowohl Muslime als auch Nicht-Muslime stellen. Ich beabsichtige damit nur eines und drücke dies mit den Worten des Propheten Shu'ayb aus:

> »*Ich wünsche nicht mehr, als die Dinge in Ordnung zu bringen (zu verbessern), soweit es in meiner Macht liegt; aber die Erlangung meines Zieles hängt von Gott allein ab. Auf Ihn habe ich mein Vertrauen gesetzt, und zu Ihm wende ich mich immer.*« *(11:88)*

Penzberg, Freitag, 1. Februar 2019   *Benjamin Idriz*

DIE STELLUNG DER FRAU IN VORISLAMISCHER ZEIT UND WIE DER KORAN DARAUF REAGIERT

Für die Periode vor dem Islam wird in der muslimischen Geschichtsschreibung der arabische Begriff *Dschahiliya* verwendet. Er bezeichnet im allgemeinen Sprachgebrauch den Glauben, die Sitten und den Zustand der Menschen auf der Arabischen Halbinsel in der Zeit vor den Offenbarungen des Propheten Muhammed (570-632 n. Chr.), *Friede sei auf ihm*.[1] Als kennzeichnend für die Zeit der *Dschahiliya* gelten negative Gewohnheiten und Bräuche der damaligen Araber, wie Gewalt, Unrecht, Mord, Arroganz, Frauenunterdrückung, Amoralität und Fanatismus. Aus diesem Grund ist der Begriff im Koran[2] wie auch in Hadithen[3] negativ belegt, und die islamische Lehre gilt als diametral gegen die *Dschahiliya* gerichtet. Der Islam schafft die Traditionen der *Dschahiliya* ab. Muslime deuten den Begriff *Dschahiliya* als eine Zeit des Dunkels und übersetzen ihn häufig mit »Unwissenheit«. Ihm entgegengesetzt steht der Islam für die Zeit des Lichts und der Aufklärung. Tatsächlich bedeutet *Dschahiliya* aber nicht »Unwissenheit«, sondern Arroganz, Grobheit, Hochmut und Fanatismus.[4]

Wenn muslimische Autoren über die Stellung der Frau schreiben, dann stellen sie in der Regel zunächst deren Position in der *Dschahiliya*-Zeit dar, um ihr dann die Verbesserungen, die der Islam gebracht hat, entgegenzusetzen. Der Zustand der Menschen im Allgemeinen, der Frauen im Besonderen wird zunächst schwarz und dunkel dargestellt, mit dem Aufkommen des Islam dann weiß und hell. Alles Negative und Schlechte wird der vorislamischen Zeit zugeschrieben. Wenn wir diese Epoche freilich objektiv analysieren, dann wird deutlich, dass durchaus nicht alles falsch und böse war und nicht alles dem Islam widersprach. Das bekannteste positive Ereignis, das noch während dieser Epoche stattfand, war das *Hilfu-l-fudul* genannte Friedensabkommen zwischen verfeindeten Stämmen, die »Allianz der Güter«. Der Prophet Muhammed war daran beteiligt, jedoch noch vor dem Beginn seines Prophetentums im Alter von 40 Jahren. Später pries der Prophet ausdrücklich dieses Abkommen und erklärte, dass er sich an ähnlichen Bündnissen wieder beteiligen würde, wenn er dazu eingeladen würde.[5] Gelehrte und Prediger beziehen sich bis heute gerne darauf. Es gibt darüber hinaus weitere Beispiele für vorislamische Glaubensinhalte und Rituale bis hin zu Ehetraditionen aus jener Zeit, die wir im Islam gleich oder ähnlich wiederfinden. Ich werde darauf zurückkommen, um zu zeigen, dass wir als Muslime die vorislamische Zeit nicht insgesamt nur schwarz und dunkel wahrnehmen können und vor der Realität stehen, dass der Islam durchaus manche Traditionen und Praktiken der *Dschahiliya* akzeptiert hat. Natürlich bleibt entscheidend, dass der Islam sehr vieles entweder verbessert oder ganz beseitigt hat, wie etwa die Tötung neugeborener Mädchen:

> *»Und wenn das Mädchen, das lebendig begraben wurde, veranlasst wird zu fragen, für welches Verbrechen es getötet wurde.« (81:8-9)*

Doch tun wir gut daran, diese Zeit differenziert zu analysieren. Das ist unverzichtbar, um zu verstehen, in welchem Kontext der Koran offenbart wurde, denn ohne Berücksichtigung dieses Kontextes kann der Text des Korans nicht richtig verstanden werden.

Glaubensvorstellungen und Rituale aus vorislamischer Zeit

In einem bekannten theologischen Werk von Schah Waliyullah ad-Dihlawi (gest. 1762), *Hudschatullahi-l-Baligah*, wird unter Bezugnahme auf eine frühe Quelle von Ibn Habib (gest. 860), *El-Muhabber*, betont, dass unter den Arabern der *Dschahiliya*-Zeit bereits der Glaube an Gott als den Schöpfer des Himmels und der Erde präsent war. Dies bestätigt auch der Koran selbst (31:25 und 43:9, 87). Dasselbe gilt für die Überzeugung, dass Gott das Schicksal von Ewigkeit her bestimmt. Der frühe Gelehrte Hasan al-Basri (gest. 728) bestätigt das: »Die Araber der *Dschahiliya* haben in ihren Reden und Gedichten vom Schicksal gesprochen. Der Islam hat das bestätigt und nichts Neues dazu gesagt.«[6] Nach dem eben erwähnten Ibn Habib glaubten die Araber der *Dschahiliya* an die Auferstehung und an das Gericht nach dem Tod. Das geht aus Gedichten jener Zeit, wie etwa des Poeten Umeyya bin Ebis-Salt, deutlich hervor.[7] Obwohl vor dem Islam in Mekka Polytheismus und die Anbetung von Idolen üblich waren, gab es daneben also auch Monotheismus und Menschen, die an die Einheit und Einzigkeit Gottes und an den Jüngsten Tag glaubten.[8] Manche islamischen Rituale, wie das Gebet (*salat*), die Pilgerfahrt (*hadsch*) oder die rituelle Schlachtung (*qurban*), hatten als Rituale der Araber schon vor dem Islam Bestand, allerdings waren sie noch mit Traditionen des Polytheismus (arabisch *shirk*, Gott jemanden/etwas beigesellen) vermischt. Beim Schlachten von Tieren wurden neben Gott noch andere Götter bzw. Götzen angerufen und die Kaaba wurde mit dem Blut der Tiere beschmiert. Der Islam hat nun diese Rituale von der Vielgötterei, also von allem, was der Einheit Gottes widerspricht, befreit und die Religion (arabisch *ed-din*) in ihre eigentliche, ursprüngliche und natürliche Form (*hanif/fitra*) zurückgeführt. Das wird in Sure 30, ar-Rum, 30-32 erläutert:

> »Und so richte dein Gesicht standhaft zu dem (einen immerwahren / hanif) Glauben hin und wende dich ab von allem, was falsch ist, in Übereinstimmung mit der natürlichen Veranlagung (fitra), die Gott dem Menschen eingegeben hat: (denn) keine Veränderung zum Verderben dessen, was Gott also erschaffen hat, zu erlauben – dies ist der (Zweck des einen) immerwahren Glauben (ad-dinu-l-qayyim); aber die meisten Menschen wissen es nicht. (Wendet euch denn von allem ab, was falsch ist,) zu Ihm (allein) euch wendend; und bleibt euch Seiner bewusst und verrichtet beständig das Gebet und seid nicht unter jenen, die etwas anderem neben Ihm Göttlichkeit zuschreiben, (oder) unter jenen, welche die Einheit ihres Glaubens gespalten (farraqu) haben (oder: sich vom wahren Glauben abgewandt [fâraqu] haben) und Sekten geworden sind, jede Gruppe nur an dem sich erfreuend, was sie selbst (an Grundsätzen) hat.«

Die zentralen Begriffe in diesen Versen, *hanif, fitra, ad-dinu-l-qayyim*, verweisen auf den Monotheismus und somit den Islam. Die Verse verurteilen diejenigen, die den immerwahren Glauben gespalten (*farraqu*), oder sich nach der Lesart der Korangelehrten Hamza (gest. 773) und Kisai (gest. 805), vom Glauben abgewandt (*fâraqu*) haben. Damit war eine Gruppe von rund zwanzig führenden Persönlichkeiten in Mekka angesprochen.[9] Götzendienst war verbreitet, als der Koran offenbart wurde, der sich daher hart damit auseinandersetzt. Die Offenbarung des Korans kam, um die Verirrungen des Polytheismus zu korrigieren und den Glauben in seine ursprüngliche Form, in den Monotheismus (*tawhid*) Abrahams, zurückzuführen.

Frauen-, Familien- und Zivilrechtliche Themen aus vorislamischer Zeit

Verschiedene Arten von Ehe

Die übliche Art der Ehe war auch in der *Dschahiliya*-Zeit geläufig. Wollte ein Mann ein Mädchen oder eine geschiedene oder verwitwete Frau heiraten, dann hatte er sich an deren Vormund (arab. *waly*) zu wenden, d.h. an ihren Vater, Bruder oder Onkel, und um die Braut zu bitten. Im Fall der Zusage wurde die Ehe mit Übergabe der Brautgabe geschlossen. Eindeutig favorisiert wurden bei der Partnerwahl Jungfrauen und besonders Mädchen in jungem Alter, also Minderjährige.[10] Die Zusage des Vaters bzw. des Vormunds war für die Eheschließung entscheidend, das Mädchen oder die Frau durften sich ihr nicht widersetzen. Bei einem Stamm ist überliefert, dass sie zumindest um ihre Meinung gefragt wurden.[11] Für Zu- oder Absage spielten der soziale Status und die Qualifikation der Ehepartner eine wesentliche Rolle. Eine freie Frau konnte nicht an einen Sklaven vergeben werden. Später untersagte zwar der Islam eine Ehe mit Sklavinnen grundsätzlich nicht, es entwickelte sich aber auch eine Rhetorik, die die Ehe mit Sklavinnen nicht guthieß.[12]

Besonders verbreitet war die Eheschließung zwischen Verwandten, zwischen Cousin und Cousine, auch wenn die Ehe außerhalb der Verwandtschaft und des Stammes freilich zulässig war.[13] Grundsätzlich nicht erlaubt war die Eheschließung mit der eigenen Mutter, Tochter oder Tante,[14] doch wurde diese Regel in Einzelfällen auch übertreten. So soll z.B. Hajib bin Zurara vom Stamm Bani Tamim seine eigene Tochter geheiratet haben.[15] Die Ehe mit einer Stiefmutter war verbreitet.[16] Der Koran nennt vor diesem Hintergrund in Sure 4, Die Frauen, 22-23 ausdrücklich die Verwandtschaftsgrade, zwischen denen die Ehe ausdrücklich untersagt ist. Dabei findet sich neben den üblichen Regeln auch die Aussage, dass u.a. die Ehe mit der eigenen Mutter, Stiefmutter, Tochter, Schwester, wie auch mit zwei Frauen gleichzeitig, die untereinander Schwestern sind, verboten ist.

Die Brautgabe (arab. *mahr*) war in der *Dschahiliya* eine entscheidende Voraussetzung für eine gültige Ehe. Sie stand für Ehre und Ansehen. Üblicherweise nahm der Vater oder Vormund der Braut das Geld entgegen, um damit die Kosten der Hochzeit zu decken. Es sind aber auch Fälle belegt, in denen die Braut selbst das Geld erhielt.[17] Diese Zahlung an die Braut setzt auch der Koran als wichtigste Legitimation der Ehe voraus und fordert den Bräutigam an mehreren Stellen auf, die Brautgabe ausschließlich der Braut zu übergeben (2:236-237; 4:4, 24, 25; 5:5). In klassischen Werken zum islamischen Recht haben sich die Gelehrten sehr ausführlich mit diesen Thema beschäftigt.[18]

Neben dem traditionellen Eheverständnis bestanden zur Zeit der *Dschahiliya* noch andere Arten der Ehe.[19] Auf einige davon, die heute noch relevant sind, will ich eingehen, um zu beleuchten, was der Koran von solchen Ehearten anerkannt oder abgelehnt bzw. eingeschränkt hat.

Die zeitlich begrenzte (Genuss)-Ehe

Die arab. *mut'ah* genannte Ehe war in der vorislamischen Zeit eine von vorneherein auf begrenzte Zeit geschlossene Verbindung, für die der Mann der Partnerin Geld zahlte. Solche »Ehen« wurden in Kriegszeiten geschlossen, aber auch von Männern auf Reisen, und dienten keinem anderen Zweck als dem Bedürfnis nach sexuellem Genuss. Mit Ablauf der vereinbarten Dauer endete die »Ehe« ohne weiteres Prozedere. Gingen daraus Kinder hervor, so verblieben sie bei der Mutter, die alleine für sie zuständig blieb.[20] Zu Beginn des Islam wurde die *Mut'ah*-Ehe noch praktiziert.[21] Sunnitische Gelehrte vertreten die Position, dass sowohl nach dem Koran wie auch nach der Sunna diese Form der Ehe nicht mehr zulässig ist.[22] Schiitische Gelehrte sind hingegen der Auffassung, dass der Koranvers: »und jenen, mit denen ihr die Ehe zu genießen (*istimta*)[23] wünscht, sollt ihr die ihnen zustehenden Morgengaben geben« (4:24) auf die *Mut'ah*-Ehe zu beziehen sei. Nach sunnitischem Verständnis ist hier aber keine begrenzte Zeitdauer mit dem Genuss verbunden,[24] und die Intention, um des Genusses willen eine Beziehung nur auf bestimmte Zeit einzugehen, gilt als Unzucht und stellt eine Sünde dar.

Heimliche und außereheliche Beziehungen

In der vorislamischen Zeit waren heimliche »eheliche« Verbindungen verbreitet, d.h. sexuelle Beziehungen ohne geregelte Eheschließung, ohne Verpflichtung, Vereinbarung und Vertrag. Manche nahmen öffentlich solche Formen von Unzucht an, dass sie heutigen Formen von Prostitution glichen. Andere praktizierten es geheim, vor allem mit Sklavinnen.[25] Geschlechtsverkehr in der Öffentlichkeit war in der *Dschahiliya*-Zeit sehr wohl verpönt, heimliche Beziehungen dagegen wurden akzeptiert.[26] Freie Frauen gingen solche Beziehungen ein, um ihr Ansehen in der Gesellschaft nicht zu verlieren.[27] Der Islam hat solche heimlichen und außerehelichen Beziehungen schlicht untersagt:

> *»Jede von euch ist ein Abkömmling des anderen. Heiratet sie denn mit der Erlaubnis ihrer Angehörigen, und gebt ihnen ihre Morgengaben auf gerechte Weise – sie sind Frauen, die sich zur ehrbaren Ehe geben, nicht zur Unzucht noch als heimliche Liebesgefährtinnen.«*
> (4:25)

Diese Passage legt in unmissverständlicher Weise dar, dass geschlechtliche Beziehungen mit Sklavinnen nur im Rahmen der Ehe erlaubt sind und in dieser Hinsicht kein Unterschied zwischen ihnen und freien Frauen besteht; folglich wird Konkubinat ausgeschlossen.[28] Der Koran fordert dazu auf, jugendliche Männer und

Frauen, aber auch ausdrücklich Sklaven und Sklavinnen durch die Eheschließung zu unterstützen, um sie vor Amoralität zu bewahren (24:32). Um des Geldes willen wurden Sklavinnen häufig zur Prostitution gezwungen (24:33), und die meisten Prostituierten waren Sklavinnen.[29] Der Koran geht entschlossen dagegen vor, indem er nur die geregelte Ehe zulässt und diese für Sklavinnen und Sklaven genauso fordert wie für Freie. Auf diese Weise soll auch grundsätzlich gegen Sklaverei vorgegangen werden, die einzudämmen und schließlich zu überwinden und abzuschaffen ist. Und für diesen Zweck, um des Schutzes und der wirtschaftlichen Sicherung der Frau willen, sieht der Koran – unter bestimmten Umständen und mit strengen Einschränkungen – auch die Vielehe vor.

Polygamie

Männer, insbesondere solche, die einen guten wirtschaftlichen und gesellschaftlichen Status hatten, heirateten mehrere Frauen gleichzeitig. In der *Dschahiliya* war die Anzahl der Frauen, mit denen sie gleichzeitig verheiratet sein konnten, nicht begrenzt. Die vorislamischen arabischen Stämme führten miteinander zahlreiche Kriege, in denen viele Männer getötet wurden. In einer Gesellschaft, in der alleinstehende Witwen nicht akzeptiert waren, galt es daher als selbstverständlich, dass Männer mehrere Frauen heirateten. Dennoch war Polygamie eine Ursache für viele Probleme, die durch ungleiche Behandlung der Frauen durch den Mann und durch Erbstreitigkeiten unter mehreren Ehefrauen immer wieder auftraten.[30]

Die Polygamie brachte andererseits auch entsprechend viele Ehescheidungen mit sich. Der Koran reagierte auf diese Verhältnisse unter den Arabern, indem er zum einen den Frauen streng verbot, gleichzeitig mit mehreren Männern verheiratet zu sein. Denn dabei war oft unklar, welcher Mann der Vater welches Kindes war – was vor allem für die Kinder selbst sehr belastend, dann aber auch ein rechtlich-gesellschaftliches Problem sein konnte. Den Männern erlaubte der Islam andererseits, bis zu vier Frauen gleichzeitig zu heiraten, und setzte damit der bisherigen Praxis Grenzen. Deshalb begannen Muslime, die mehr als vier Frauen hatten, sich von ihnen scheiden zu lassen. Mit dieser, im gegebenen Kontext fortschrittlichen Regelung reduzierte der Koran Probleme in der Ehe und für die Gesellschaft auf ein Minimum. Denn die Ursache des Unglücks und des Leids der Menschen war nicht die Monogamie, sondern eine schrankenlose Polygamie. Der Koran hatte darüber hinaus aber durchaus das Ziel, die Ehe nicht auf vier, sondern schließlich auf eine Frau zu beschränken. Deshalb wird eine Empfehlung ausgesprochen, die den damaligen Arabern befremdlich vorkommen musste:

> *»Und wenn ihr Grund habt, zu fürchten, dass ihr nicht gerecht gegen die Waisen handeln mögt, dann heiratet von (anderen) Frauen solche, die euch erlaubt sind – (sogar) zwei oder drei oder vier: aber wenn ihr Grund habt, zu fürchten, dass ihr nicht fähig sein mögt, sie mit gleicher Fairness zu behandeln, dann (nur) eine – oder (von) jenen, die ihr rechtmäßig besitzt. Dies wird es eher wahrscheinlich machen, dass ihr nicht vom rechten Kurs abweicht.« (4:3)*

Die Vorgabe, zu mehreren Frauen gleichermaßen »gerecht« sein zu müssen, erschwerte die Polygamie in der Praxis erheblich, sodass die Zahl der Männer, die mehr als eine Frau hatten, schnell deutlich abnahm. Wie die anderen Männer seiner Zeit war auch der Prophet mit mehreren Frauen verheiratet. Mit der Zeit wurde jedoch die Vielehe auch für ihn begrenzt:

> »Keine (anderen) Frauen sollen dir hinfort erlaubt sein – noch ist dir (erlaubt, irgendeine von) ihnen durch andere Ehefrauen zu ersetzen, selbst wenn ihre Schönheit dir sehr gefallen sollte –: (keine soll dir erlaubt sein) über jene hinaus, die du (schon) zu besitzen erlangt hast.« (33:52)

Nach Angaben in den Überlieferungen zur Biografie des Propheten und zur Gesellschaft seiner Zeit waren von 671 untersuchten Ehen in der ersten Generation der Muslime 129 Männer mit mehreren Frauen verheiratet (19,1%), 542 Männer hatten dagegen nur eine Frau (80,5%).[31] Heute sind in Saudi-Arabien 1,4% der Ehen polygam.[32]

Es ist also so, dass der Koran als einziges Buch Gottes sagt: »Heiratet nur *eine* Frau!« – denn das ergibt sich implizit aus dem eben zitierten Vers: »... Wenn ihr aber befürchtet, nicht gerecht zu handeln, dann (nur) eine ... (4:3); fast im gleichen Atemzug hat Gott den potentiellen, mit einer polygamen Ehe liebäugelnden Ehemännern versichert, dass diese Bedingung für sie unerfüllbar ist: Euch wird es niemals möglich sein, in Gerechtigkeit gegen eure Ehefrauen zu verfahren, wie sehr ihr es euch auch wünschen möchtet« (4:129). Kann es eine deutlichere und gewichtigere Misstrauensbekundung gegen Mehrehen geben?³³ Wenn Gott in den Raum stellt, dass eine gerechte Gleichbehandlung mehrerer Frauen kaum zu erreichen ist, dann wird doch klar, was das Ziel sein soll: Polygamie letztlich zu überwinden. Gerade deshalb kann die Polygamie eben nicht die Regel (im rechtlichen Sinne) sein, sondern allenfalls eine Ausnahme von der Regel. Mit diesem Vers möchte Gott sagen: Schränkt die Vielehe ein, verringert die Zahl eurer Frauen auf vier, drei, zwei, sogar auf eine. Damit vermeidet ihr Ungerechtigkeit gegenüber euren Frauen und verhindert, dass das zukünftige Erbe eurer Kinder durch den Lebensunterhalt vieler Frauen verringert wird. Es wird weder die Freiheit zur Vielehe noch eine Forderung nach der Heirat mit vier Frauen befürwortet. Im Gegenteil, es wird die Beschränkung auf die Ehe mit nur einer Frau empfohlen. Dies ist besser für euch! – so lautet die Botschaft des Korans. Die Stelle im Koran, die als »Polygamie-Vers« bezeichnet wird, wendet sich also speziell an die polygamen Männer jener Zeit. Sie bezieht sich auf extreme Situationen, wie Kriege und ihre Folgen. Bei starkem Männermangel, wie nach großen Kriegen, kann es vor allem für Frauen ein Segen sein, dass dieser unabänderliche und weise Vers versorgungsbedürftigen Frauen, vor allem Kriegerwitwen mit Kindern, den Weg zur Zweitehe offenlässt und vaterlose Haushalte verringern hilft.³⁴ Daraus schließen einige Muslime wie Hamza Kaidi, dass die Mehrehe überhaupt nur im Hinblick auf Witwen mit Kindern zulässig ist.³⁵ Jedoch darf ein Mann nur mit der Zustimmung seiner ersten Frau eine andere heiraten.³⁶ Diejenigen, die mit nur einer Frau verheiratet sind, erfüllen ohnehin das Ziel dieses Verses und sind hier gar nicht angesprochen. Keinesfalls sollen sie ermutigt werden, mehrere Frauen gleichzeitig zu ehelichen. Nur für Kulturen, in denen Polygamie noch besteht, will der Koran ebenfalls Gerechtigkeit für die davon betroffenen Frauen erreichen. Es muss dann gewährleistet sein, dass die erste und weitere Ehefrauen dieselben Rechte genießen, dass alle der Mehrehe zustimmen und selbstverständlich voneinander wissen und die Verhältnisse weder innerhalb der Familie noch nach außen verheimlicht werden.

Die Position des Korans zur Polygamie kann in folgender Weise zusammengefasst werden: Die Praxis der Polygamie in der Gesellschaft, in der der Koran offenbart wurde, wird als Ursache für Ungerechtigkeit gebrandmarkt. Sie soll eingeschränkt und möglichst überwunden werden. Hier ist keine bestimmte Zahl von Bedeutung, sondern die Tatsache, dass die Anzahl der Ehefrauen in der Familie reduziert wird – möglichst auf eine. Es geht also darum, eine patriarchale Gesellschaft mithilfe ihrer eigenen Kraft und Kultur sukzessive in eine gerechtere Gesellschaft zu überführen, in der das Gleichheitsprinzip der Geschlechter herrschen wird.[37]

Ehe mit minderjährigen Mädchen

In der *Dschahiliya* war es üblich, dass Mädchen in sehr jungem Alter verheiratet wurden, häufig noch unter 12 Jahren. Sie wurden erst dann als Teil der Familie betrachtet, wenn sie ein Kind zur Welt gebracht hatten.[38] Offenbar haben manche arabische Muslime diese vollkommen übliche Praxis der *Dschahiliya* unreflektiert übernommen und fortgeführt und klassische islamische Rechtsgelehrte daran angeknüpft.[39] Die Gelehrten berufen sich in dem Zusammenhang auf diesen Koranvers:

> »Was nun solche von euren Frauen (Nisa') angeht, die jenseits des Alters der monatlichen Regel sind, wie auch solche, die keine Regel haben (lem yahidna), ihre Wartezeit – wenn ihr darüber im Zweifel seid – soll drei Kalender-Monate sein ...« (65:4)

Einige interpretieren und übersetzen *lem yahidne* mit »*die* noch *keine Monatsblutung haben*«[40] und legen das auf junge Mädchen vor der Pubertät hin aus.[41] Damit entsteht der Eindruck, der Koran erlaube die Ehe mit jungen Mädchen noch vor dem Einsetzen ihrer Monatsregel. Tatsache ist aber, dass der Vers das Wort *noch* nicht verwendet. Die Formulierung bezieht sich auf Frauen, bei denen die Periode nicht auftritt, Frauen, die sie entweder spät oder unregelmäßig bekommen, bei denen »aus welchen physiologischen Gründen auch immer«, wie Muhammad Asad (gest. 1992) richtig auslegt,[42] die Menstruation ausbleibt. Zudem verwendet der Vers ausdrücklich den Begriff »Frauen« *(nisa')* und nicht etwa »minderjährige Mädchen« (arab. *qasirat*).[43] Während also viele frühere Rechtsgelehrte die Ehe mit Minderjährigen als erlaubt ansehen, weil sie ein »*noch nicht*« in die Stelle hineininterpretiert haben, waren andere von Anfang an der gegenteiligen Auffassung, wie z.B. die Rechtsgelehrten Ibn Schubruma (gest. 761) und Al-Asamm (gest. 816).[44]

Den Vormund von Waisen fordert der Koran auf, sich um sie zu kümmern, »*bis sie ein heiratsfähiges Alter erreichen; dann, wenn ihr sie reifen Geistes* (ruschd) *findet, händigt ihnen ihre Besitztümer aus«* (4:6). Dieser Vers deutet an, dass ein Mensch, weiblich oder männlich, ein *»heiratsfähiges Alter«* erreichen muss. Auch wenn keine konkrete Altersangabe genannt wird – die ja auch individuell variiert –, ist die Ehe vor Erreichen des heiratsfähigen Alters ausgeschlossen. Dieses Alter setzt natürlich den entsprechenden körperlichen Entwicklungsstand voraus. Darüber hinaus spricht der Koran aber auch ausdrücklich von der »geistigen Reife« (arab. *»ruschd«*). Das heißt, der Mann bzw. die Frau darf erst dann heiraten, wenn die Person nicht nur körperlich dafür reif ist, sondern auch Verantwortung übernehmen und Entscheidungen treffen kann. Damit können wir zu dem Schluss kommen, dass die Ehe mit Minderjährigen nicht mit dem Koran begründet werden kann. Damit ist aber die Behauptung, der Prophet Muhammed habe seine Ehefrau Aischa geheiratet, als sie noch minderjährig war, unvereinbar. Es gibt dafür keine belastbaren Beweise, auch wenn in den Hadithen entsprechende Überlieferungen zu finden sind. Der Prophet ist verpflichtet, dem Koran zu folgen und entsprechend zu handeln, er kann unter keinen Umständen gegen den Koran gelebt haben!

»Eine Ehe mit minderjährigen Mädchen kann mit religiösen Argumenten nicht begründet werden und ist abzulehnen«, so lautet die klare Position der obersten Religionsbehörde der Türkei, Diyanet.[45] Der jetzige Groß-Imam der Al-Azhar-Universität in Kairo, *Ahmad at-Tayyib*, stellte fest, dass im Islam für solche Ehen weder eine ausdrückliche Erlaubnis, noch ein ausdrückliches Verbot bestehe, weshalb sich dazu unterschiedliche Positionen entwickelt hätten. Der Islam trete entschieden für die Ehe und gegen Unzucht ein und fordere dabei das Gewissen des Menschen ein. Weil solche Ehen offenkundig der Moral und dem Verstand des Menschen widersprechen, ist daraus zu schließen, dass sie unzulässig sind und mit dem Islam unvereinbar. Al-Azhar, die höchste Instanz des sunnitischen Islams, tritt dafür ein, dass die Ehe unter 18 Jahren gesetzlich nicht zulässig ist.[46] Sie kann eine physiologische Gefährdung für die Frau zur Folge haben, und der Koran verbietet es, sich selbst zu gefährden:

> »Stürzt euch nicht mit eigenen Händen ins Verderben! Tut Gutes! Siehe, Gott liebt die, die Gutes tun!« (2:195)

Ich stimme mit dem türkischen Theologen Mustafa Öztürk überein, der über die sozialen und gesellschaftlichen Gewohnheiten der Menschen der damaligen Zeit sagt: »Es ist hier wichtig zu betonen, dass diese und ähnliche Traditionen keine religiös-moralischen Werte beinhalten. Daher sollten sie nicht im Rahmen religiöser Rechtsentscheidungen oder Gebote untersucht werden, sondern im Rahmen der historischen und kulturellen Verhältnisse.«[47]

Ehescheidung

In der vorislamischen Zeit war es für einen Mann denkbar einfach, seine Frau zu verstoßen: Es genügte, ihr zu sagen: »Du bist geschieden (*anti taliqun*)!« oder: »Du bist frei (*anti khaliyyetun*)!« Solange der Mann dies nur einmal oder zweimal aussprach, konnte er seinen Entschluss wieder zurücknehmen. Erst wenn die Formel zum dritten Mal ausgesprochen war, war das

Paar definitiv geschieden. Dieses ebenso einfache wie einseitig zugunsten des Mannes ausgerichtete Scheidungsverständnis entstammt der Kultur arabischer Nomaden.[48] Das Recht zur Scheidung stand grundsätzlich dem Mann zu. Ausnahmen kamen allerdings bei Frauen aus besonders angesehenen Familien vor. So nahm laut einer Überlieferung Salma bint Amr aus dem bedeutenden Stamm der Beni-Najran den Heiratsantrag von Haschim bin Abdumenaf (einem Urvater des Beni-Haschim-Stammes und Großvater des Propheten Muhammed) nur unter der ausdrücklichen Voraussetzung an, dass ihr das Recht auf Scheidung zustünde.[49]

Der Koran hat das Recht auf Scheidung für die Frau übernommen, die Bevorzugung durch besonderes Ansehen der Familie aber abgeschafft und das Recht allen Frauen zugesprochen. Auch wenn die Frau die Scheidung nicht in gleicher Weise wie der Mann durch das Aussprechen der Formel bewirken kann, hat sie das Recht, die Ehe durch Rückgabe der Brautgabe und mit gegenseitigem Einverständnis aufzulösen (2:229).[50] Diese Form der Eheauflösung wird *khul'* genannt und steht der Frau zu. In einer Überlieferung wird berichtet, dass Habiba, die Ehefrau von Thabit ibn Qays, den Propheten aufsuchte und die Scheidung von ihrem Mann verlangte. Nach unterschiedlichen Versionen war sie entweder von ihrem Mann geschlagen worden, oder »sie mochte ihn trotz seines untadeligen Charakters und Verhaltens nicht, wie sie auch nicht nach Annahme des Islams in Unglauben fallen mochte«.[51] Der Prophet bestimmte, dass sie Thabit einen Garten, den er ihr bei der Hochzeit als Morgengabe gegeben hatte, zurückgeben sollte und die Ehe damit aufzulösen sei.[52] Der Prophet selbst billigte also eine solche Ehescheidung seitens der Frau. Allerdings betrachtete er es stets als schwere Sünde, die am Jüngsten Tag Konsequenzen haben würde, wenn eine Scheidung ohne wirklichen Grund erfolgte, egal von welcher Seite aus.[53]

Eine andere Möglichkeit zur Trennung, *ila'* genannt, war die Praxis der *Dschahiliya*, dass ein Mann sich von seiner Frau auf unbestimmte Zeit fernhielt. Die Frau blieb dabei im Ungewissen, denn der Mann musste ihr keinen Zeitraum nennen, ab dem er sich ihr wieder zuwenden würde.[54] Dieser Zustand, in dem der Mann seinen ehelichen Verpflichtungen nicht nachkam, die Frau aber nicht geschieden war und somit auch keinen anderen Mann heiraten konnte, konnte mehrere Jahre andauern.[55] Als sich einige Muslime diese Tradition zu Nutzen machten, bestimmte der Koran eine Begrenzung der *ila'* auf vier Monate:

> *»Jene, die einen Eid leisten, dass sie sich nicht ihren Ehefrauen nähern werden, sollen vier Monate der Gnade erhalten; und wenn sie (von ihrem Eid) zurücktreten – siehe, Gott ist vielvergebend, ein Gnadenspender. Aber wenn sie zur Scheidung entschlossen sind – siehe, Gott ist allhörend, allwissend.« (2:226-227)*

Vier Monate müssen genügen, um zu einer endgültigen Entscheidung zu kommen, entweder für die Fortsetzung der Ehe oder für eine Scheidung. Auch damit soll eine weitere Benachteiligung der Frau verhindert werden.

Auch das Prinzip der dreifachen Scheidungsformel hat das islamische Recht übernommen (2:229).[56] Wenn ein Mann die Scheidungsformel aus dem Affekt heraus,

aus Wut oder auch zum bloßen Spaß und ohne wirkliche Absicht ausspricht, ist sie gültig.[57] Das mehrfache Wiederholen schützt dabei gegebenenfalls vor den unbedachten oder ungewollten Folgen. Für den Fall, dass ein Mann und eine Frau nach dreimaligem Aussprechen der Formel, also nach rechtsgültig erfolgter Scheidung, doch wieder zusammenkommen und sich erneut heiraten möchten, führt der Koran eine Wartezeit ein, die sogenannte *'iddet*:

> »Und die geschiedenen Frauen sollen, ohne wieder zu heiraten, eine Wartezeit ('iddet) von drei monatlichen Perioden durchmachen: denn es ist ihnen nicht erlaubt, zu verbergen, was Gott in ihren Mutterleibern erschaffen haben mag, wenn sie an Gott und den Letzten Tag glauben. Und während dieser Periode sind ihre Ehemänner völlig berechtigt, sie zurückzunehmen, wenn sie Versöhnung wünschen; aber der Gerechtigkeit entsprechend sind die Rechte der Ehefrauen (bezüglich ihrer Ehemänner) gleich den Rechten (der Ehemänner) bezüglich ihrer, obwohl Männer (in dieser Hinsicht) ihnen gegenüber einen Vorzug haben.« (2:228)

Eine geschiedene Ehefrau hat das Recht, die Wiederaufnahme der ehelichen Beziehung zu verweigern, auch wenn der Ehemann vor Ablauf der Wartezeit seine Bereitschaft ausdrückt, die vorbehaltliche Ehescheidung zu widerrufen; aber weil es der Ehemann ist, der für den Familienunterhalt verantwortlich ist, liegt die erste Möglichkeit, eine vorbehaltliche Ehescheidung zu widerrufen, bei ihm.[58]

Wartezeit nach der Scheidung und Trauerzeit

In der *Dschahiliya* galt nach dem Tod des Ehemannes für die Witwe eine Trauerzeit von einem Jahr Dauer.[59] Trotzdem konnte sie sofort wieder heiraten, auch wenn sie schwanger war.[60] Das Kind wurde dann dem neuen Ehemann zugeschrieben. Zur Trauerzeit äußert sich der Koran nicht, er führt aber die *'iddet* genannte Wartezeit ein, vor deren Ablauf eine Frau nach der Scheidung ebenso wie nach dem Tod des Ehemannes nicht wieder heiraten darf. Ist die Frau erkennbar schwanger, dann endet die Wartezeit mit der Geburt des Kindes. Ansonsten dauert sie vier Monate und zehn Tage (2:234), damit eine Schwangerschaft gegebenenfalls erkannt wird und die Vaterschaft geklärt ist. Darüber hinaus bestimmte der Koran, dass verheiratete Männer ihrer Frau testamentarisch zugestehen, ab dem Tod des Mannes ein Jahr lang in dessen Haushalt zu bleiben:

> *»Wenn irgendwelche von euch sterben und Ehefrauen hinterlassen, vermachen sie dadurch ihren Witwen (das Recht auf) eines Jahres Unterhalt, ohne dass sie verpflichtet sind, (das Heim des toten Ehemanns) zu verlassen. Wenn sie es jedoch (aus eigenem Antrieb) verlassen, soll keine Sünde sein in dem, was immer sie mit sich selbst auf gesetzliche Weise tun mögen.«*
> *(2:240)*

Wenn die Frau vor Ablauf des Jahres wieder heiratet, verzichtet sie für diese Zeit auf die Versorgung im Haushalt des verstorbenen Ehemannes. Diese Regelung könnte auf das Trauerjahr der vorislamischen Zeit zurückgehen.[61] Die klassischen Exegeten und Rechtsgelehrten sind allerdings der Meinung, dass diese Versorgung für die Dauer eines Jahres durch einen andern Vers (4:12) abgelöst wurde, welcher die Verteilung des Erbes regelt.

Erbrecht

Den Historikern und Korankommentatoren zufolge war es so, dass Frauen und minderjährige Kinder bei der Verteilung des Erbes vor der Koranoffenbarung überhaupt nicht berücksichtigt wurden.[62] Das Erbe galt als ein Recht derjenigen, die sich an der Kriegführung beteiligten, also der kämpfenden Männer, und damit in der Regel des ältesten Sohnes.[63] Frauen, Kinder und auch Sklaven waren davon ausgeschlossen.[64] Allerdings kamen bei manchen Stämmen Fälle vor, wo Frauen offenbar doch ein Anteil am Erbe zugesprochen wurde.[65] Von dem als Dhulmejasid al-Yaschkuri bekannten Amir bin Rabia (gest. 490), der auf der Arabischen Halbinsel ein einflussreicher Richter vor dem Islam war, wird überliefert, dass er weiblichen Erben einen Teil und den männlichen Erben das Doppelte zugesprochen habe. Diese Praxis entspricht dem Koranvers: »Der Männliche soll so viel erhalten, wie der Anteil von zwei Weiblichen« (4:11).[66] Damit wird zunächst einmal überhaupt das Recht der Frauen auf einen Anteil am Erbe bestätigt.

Konkret erfolgte die Offenbarung, dass auch den Frauen sehr wohl ein Anteil am Erbe zusteht, nachdem eine Witwe namens Ummu Quhha, die Ehefrau des verstorbenen Aws bin Thabit, durch dessen Verwandte vom Erbe ausgeschlossen worden war. Die Frau trug ihre Benachteiligung und Ausgrenzung dem Propheten Muhammed vor, woraufhin der ihr erklärte: »Kehre zurück nach Hause, Gott wird darüber sein Urteil sprechen.« Daraufhin wurden dem Propheten die langen Verse 11 und 12 aus Sure 4, Die Frauen, offenbart, die die Erbverteilung anteilig regeln.[67]

Auch diese Bestimmung Gottes gehört zu den Reformen, mit denen der Koran die Lage der Frauen verbessern will. Nach dem Koranexegeten at-Tabari (gest. 923) stieß diese koranische Bestimmung bei einigen Männern zunächst nicht auf Zustimmung.[68] Die Ablehnung mancher muslimischer Männer zeigt, wie dominant die vorislamische, patriarchalische Tradition war. Es gibt sogar Überlieferungen, wonach die Erbverteilung in Medina, wo die Zahl der Muslime höher war, schwieriger durchzusetzen war als zuvor in Mekka.[69] Den Grund dafür sieht der Theologe Mustafa Öztürk im starken Einfluss jüdischer Traditionen in Medina.[70] Denn nach altem rabbinischem Recht ist die Frau, wenn Söhne vorhanden sind, nicht erbberechtigt. Die Söhne erben allerdings unter der strengen Auflage, für die weiblichen Familienmitglieder zu sorgen. Diese jüdische Lehre mag die Praxis der Muslime in Medina beeinflusst haben.

Über den Vers zur Erbverteilung (4:11-12) hinaus verpflichtet der Koran insbesondere begüterte Männer, testamentarisch Vorsorge für faire (*khayran*) Verhältnisse nach ihrem Tod zu sorgen, ohne Unterschiede zwischen den Geschlechtern zu machen:[71]

> *»Er ist für euch verordnet, wenn der Tod einem*
> *von euch naht und er viel Reichtum hinterlässt,*
> *Vermächtnisse zugunsten seiner Eltern und (anderer)*

naher Verwandter zu machen in Übereinstimmung mit dem, was fair ist; dies ist verbindlich für alle, die sich Gottes bewusst sind.« (2:180)

Außerdem bekräftigt ein weiterer Vers das Recht der Frauen wie der Männer am Erbe, ohne dabei anteilig zu unterscheiden:

»Die Männer sollen einen Anteil an dem, was Eltern und Verwandte hinterlassen, und die Frauen sollen einen Anteil haben an dem, was Eltern und Verwandte hinterlassen, ob es wenig oder viel sei – einen (von Gott) verordneten Anteil.« (4:7)

Selbst Menschen, die keinen gesetzlichen Anspruch auf das Erbe haben, können trotzdem verdienen, berücksichtigt zu werden:[72]

»Und wenn (andere) nahe Verwandten und Waisen und bedürftige Personen bei der Verteilung des Erbes anwesend sind, gebt ihnen etwas auf gütige Weise.« (4:8)

Wenn der Koran nun verlangt, bei der Erbschaft und im Testament (*wasiya*) auch die Frauen zu berücksichtigen, dann wertet er die Stellung der Frau hier zunächst einmal ganz entscheidend auf. Im kulturellen Kontext der Arabischen Halbinsel war der Mann üblicherweise der alleinige Familienernährer. Die Frau war Hausfrau und wirtschaftlich von ihrem Mann abhängig. Der Koran hätte diese Traditionen nicht ignorieren können und empfahl, dass der Mann das Doppelte erben solle, – nicht grundsätzlich, sondern nur in bestimmten Fällen,[73] – weil er für die Versorgung der Familie aufzukommen hatte. Die Frau bekam unter diesen Bedingungen entsprechend weniger, weil sie nicht verpflichtet war, zur Familienversorgung beizutragen, beziehungsweise weil sie keine finanziellen Verpflichtungen oder Ausgaben hatte. Sie hatte stattdessen den Anspruch auf Versorgung durch ihren Mann. An einem konkreten Beispiel würde das bedeuten: Wenn der Vater von zwei unverheirateten Kindern sterben würde, sollte der Sohn zwei Drittel und die Tochter ein Drittel erben. Der Sohn müsste seine zwei Anteile verwenden, erstens für Haushaltsausgaben für das Elternhaus, zweitens für Ausgaben für seine Hochzeit einschließlich des sogenannten *mahr*, der Mitgift für die Braut, drittens für Ausgaben für die Versorgung der Frau und Kinder nach der Hochzeit, viertens für sein Haus und alle damit verbundenen Ausgaben, fünftens für alle Ausgaben für seine zukünftigen Nachfahren. Mit anderen Worten, er musste für alle Bedürfnisse seiner Familie aufkommen. Eine Tochter dagegen war nicht verpflichtet, mit ihrem ererbten Drittel für Mann oder Kinder aufzukommen. Wenn sie heiratete, behielt sie dieses Kapital und brachte es nicht etwa in ein gemeinsames Ehevermögen ein. Zusätzlich erhielt sie noch Mitgift von ihrem Ehemann. Die gesamten Kosten für den Lebensunterhalt trug also der Mann. Wenn wir uns vor diesem Hintergrund nun die Frage stellen: Wer ist in diesem Beispiel finanziell und rechtlich gesehen im Vorteil, der Bruder oder die Schwester? So ist es eindeutig die Schwester.

Der Islam gab der Frau das Recht und die Freiheit, ihre finanziellen Mittel mit Blick auf die Bedürfnisse der Familie selbst zu verwalten. Der Mann war dagegen verpflichtet, alle Kosten für die Bedürfnisse der Frau allein zu tragen. Solche Verhältnisse liegen der Erbverteilung in dem Vers aus Sure 4, 11-12, zugrunde. Aber wenn in einer Familie die Frau und der Mann alle Kosten im gleichen Maße tragen, dann versteht sich, dass das Erbe in gleiche Teile aufgeteilt werden soll. Denn das Ziel dieser Bestimmungen ist, dass keine Partei benachteiligt und dass Gerechtigkeit erreicht wird. Das bringt auch die Formulierung am Ende des Verses zum Ausdruck, die diese Bestimmungen zusammenfasst: »Es darf niemandem Schaden zugefügt werden (ghayra mudarr)« (4:12).

Ich möchte dieses Gerechtigkeitsprinzip an einem weiteren Beispiel erklären: Der Vater stirbt und hinterlässt eine Tochter und einen Sohn. Der Sohn ist gut ausgebildet, verheiratet, ein Geschäftsmann und besitzt ein eigenes Haus. Er führt ein wohlhabendes und geordnetes Leben. Seine Schwester ist dagegen Witwe, sie trägt schwer an der Miete, ist arbeitslos und muss dazu noch die Kinder ernähren. Wie würde in diesem Fall das Erbe nach dem islamischen Recht verteilt? So, dass die Frau mehr vom Erbe bekommt als der Mann! Dies ist im Sinne des Gerechtigkeitsprinzips nach dem Koran, dessen Ziel es ist, die Regeln zugunsten der sozial Schwachen auszulegen. Demnach ist die Frage der Erbverteilung dynamisch und nicht statisch. Sie ist dauerhaft und wesentlich vom sozialen Status, der Arbeitsfähigkeit und dem Verdienst des Erben abhängig. Entsprechend dieser Dynamik ist auch die Verteilung anzupassen, sodass keine Partei benachteiligt wird.[74] Unverändert bleibt dagegen das Prinzip der *gerechten* Verteilung als grundlegendem moralischem und allgemein menschlichem Wert. Nach diesem Ideal strebt der Koran, ihm sollen die Menschen folgen. Der türkische Theologe Ilhami Güler sagt: Die spezifische Art und Weise, wie im Koran die Verteilung vorgeschlagen wurde, gilt nicht für alle Zeiten und alle Kulturen. Aber die Forderung, dass keine Partei bei der Erbverteilung vernachlässigt oder benachteiligt werden darf, sie gilt sehr wohl für alle Zeiten und alle Kulturen![75] Es geht also heute darum, ein möglichst hohes Maß an Gerechtigkeit und Gleichberechtigung unter den Erben zu erreichen, unabhängig von ihrem Geschlecht.

Zusammenfassung

Ich begnüge mich mit den erwähnten Beispielen, um deutlich zu machen, dass der Koran die kulturellen und sozialen Verhältnisse der damaligen Gesellschaft nicht komplett und schlagartig zu beseitigen versuchte, sondern die Menschen jener Zeit mit Bedacht begleitete und neue Richtungen aufzeigte, um behutsam Verbesserungen einzuleiten und schrittweise voranzubringen. Die frühen Koranexegeten nahmen in ihren Werken stets Bezug auf die gesellschaftliche Realität der *Dschahiliya*-Periode, so z.B. Imam Tabari in seiner Exegese *Dschamiu-l-Beyan*. Bei späteren Exegeten ist dies nur selten der Fall, und bei den zeitgenössischen Kommentatoren wird die Kultur der *Dschahiliya* mit Bezug auf den Koran ausschließlich negativ gesehen.[76] Mit dieser subjektiven Sichtweise der modernen Kommentatoren, vor allem des 19. und 20. Jahrhunderts, wird der Zusammenhang zwischen dem Offenbarungstext und dem Offenbarungskontext zerrissen, als stünde eine Mauer zwischen der *Dschahiliya* und der Offenbarung. Heutige, fortschrittliche Kommentatoren plädieren häufig dafür, den Koran aktuell zu lesen. Auch bei der historisch-kritischen Lesart der Hermeneutik soll der Koran an moderne Entwicklungen wie Demokratie und Gleichberechtigung angepasst werden. Dahinter steht oft ein apologetisches Bemühen, motiviert durch einen gewissen Druck, vor allem aus dem Westen. Eine solche Lesart ist ihrem Wesen nach mehr ideologisch gefärbt als wissenschaftlich begründet, mehr subjektiv als objektiv.

Der Koran muss vielmehr in seiner Entstehungsphase analysiert werden, damit wir verstehen, wie der Text auf die Verhältnisse der Menschen reagiert, die auf der Arabischen Halbinsel in der *Dschahiliya*-Zeit gelebt haben und ihrer Kultur verhaftet waren. So wird deutlich, welche neuen Impulse der Koran gibt. Gerade im Bereich Eheschließung und Ehescheidung hat der Koran die Traditionen der Araber eben nicht ignoriert, sondern geregelt oder Alternativen aufgezeigt.

Den Korantext aus heutigem Blickwinkel zu lesen, kann in der Tat zu Irritationen führen, weil der Koran nicht heute offenbart wurde. Der Koran muss aus dem Blickwinkel des 7. Jahrhunderts und der damaligen Gesellschaft in Mekka und Medina analysiert werden. Dann zeigt sich, dass der Koran die Menschen dynamisch begleitet hat. Und so müssen Gesetzgeber und religiöse Autoritäten die menschliche Entwicklung weiter begleiten und entsprechende gesellschaftliche Fragen regeln. Wie die Regelungen aussehen, ist eine Frage der unterschiedlichen Völker und Länder, und mit sich verändernden Verhältnissen und Bedürfnissen können sich die Regelungen ändern. Sie müssen es sogar. Die Regelungen sind gesellschaftlicher, kultureller und juristischer Natur. Die Religion selbst liefert dazu die unveränderlichen Grundwerte und legt sie fest: Bewahrung des familiären Zusammenhalts, Bekämpfung von Amoralität und von Missbrauch der Sexualität, Wahrung der Rechte der Ehepartner usw.

Mich beschäftigt die Frage, weshalb der Koran zwar die *Dschahiliya*-Zeit entschieden negativ bewertet (3:154; 5:50; 33:33; 48:26), gleichzeitig aber die Gewohnheiten jener Zeit teilweise anerkannt und übernommen hat. Ich vermute, weil der Koran, um die Gesellschaft im Großen zu verändern und alle diskriminierenden Praktiken dieser Zeit zu beseitigen, Schritt für Schritt vorgehen wollte. Es dauert mehr als 23 Jahre – das ist die Zeitdauer, in der der Koran offenbart wurde – und manchmal Generationen, um eine Gesellschaft zu verändern. Der Koran markiert hier den Anfang eines Reformprozesses, dessen Fortführung und Weiterentwicklung er dem gesunden Menschenverstand überlässt. Dieser Prozess der Offenbarung selbst ist abgeschlossen und der Wortlaut somit auf ewig unveränderlich. Der Prozess des Nachdenkens über den Text dagegen ist mitnichten abgeschlossen. Gott ist da, als »*der Immer-Lebendige*« (2:255), Er begleitet den lebendigen Menschen weiter. Die Worte Gottes, welche tiefer und breiter sind als das Meer (18:109), und die Vernunft, mit der Er die Menschen ausrüstet, gehören zusammen als die beiden Komponenten der »lebendigen Offenbarung«. Wenn die Vernunft aufhört, über den Sinn des Textes nachzudenken, verliert der Text seinen Wert. Je mehr wir uns bemühen, das Ziel des Korans, nämlich die menschenunwürdigen Praktiken der *Dschahiliya* zu beseitigen, desto mehr handeln wir dem Willen Gottes gemäß, der nichts anderes will, als das Recht, die Freiheit und die Würde des Menschen in vollem Umfang zu verwirklichen. Das Licht Gottes *(nûr)*,[77] welches Licht über Licht ist, und das Licht des Propheten[78] sollen uns dafür Orientierung geben. Es ist dieses Licht, das die menschliche Seele und Gedanken erleuchtet hat, welches die Dunkelheit aus den Gedanken der Menschen davonjagt und so die Menschheit aus der *Dschahiliya* (Ignoranz) zu spiritueller Erleuchtung führte: von Gottlosigkeit zu Gottesbewusstsein, von Sklaverei zu Freiheit, von Unterdrückung zu Selbstbestimmung, von Macht zu Recht, von Mythologie zu Wissenschaft, von Hass zu Liebe, von Angst zu Hoffnung, von Selbstsucht zu Barmherzigkeit, von Arroganz zu Ergebenheit, von Suizid zu Lebensfreude, von Stillstand zu Dynamik, von Ungerechtigkeit zu Gerechtigkeit, von Diskriminierung der Frauen zu Gleichbehandlung der Frauen!

Der Koran baut seine Werte auf zwei Prinzipien auf: Monotheismus und Gerechtigkeit. Das erste Prinzip ist vertikal und individuell konzipiert: zwischen Mensch und Gott. Das zweite ist horizontal und gemeinschaftlich: zwischen Mensch und Mensch. Die neuen Ideen und Verbesserungen, die der Koran einführt, haben zum Ziel, das Leben der Menschen zu erleichtern:

»Wir haben dir den Koran nicht herabgesandt, um dein Leben zu erschweren.« (60:1)

»Er (Gott) ist es, der euch erwählt hat (Seine Botschaft zu tragen) und euch keine Härte in (irgendetwas bezüglich) der Religion auferlegt.« (22:78)

Muhammad Asad kommentiert diesen Vers wie folgt: »Das Fehlen jeglicher ›Härte‹ in der Religion des Islam beruht auf mehreren Faktoren: 1. sie ist frei von jedwedem Dogma oder jedweder mystischen Behauptung, die es schwierig macht, die qur'anischen Glaubenssätze zu verstehen, oder die sogar mit dem natürlichen Menschenverstand in Konflikt getragen könnte; 2. sie vermeidet alle komplizierten Rituale oder Systeme von Tabus, die dem Alltagsleben der Menschen unnötige Einschränkungen auferlegen würden;...«[79] Das endgültige Ziel des Koran ist, die Gerechtigkeit unter den Menschen, Frauen und Männern, herzustellen. Über die Gerechtigkeit kann ich hier dutzende Koranverse erwähnen, aber ich wähle nur einen Vers aus, und diesen ganz bewusst aus der Sure Frau:

»Siehe, Gott gebietet euch alles, was euch anvertraut worden ist, denjenigen auszuhändigen, die darauf Anspruch haben, und immer, wenn ihr zwischen Leuten richtet, mit Gerechtigkeit zu richten!« (4:58)

Diese grundsätzlichen Werte, nämlich Menschen glücklich zu machen, ihnen ihr Leben zu erleichtern und unter ihnen die Gerechtigkeit herzustellen, bleiben für alle Zeiten und für alle Menschen bestehen. Die Methoden, mit denen diese grundlegenden Werte verwirklicht werden können, sind dagegen dynamisch und offen für Entwicklung und Veränderung.

NACH ALTEM UND NEUEM TESTAMENT: MIT DEM KORAN AUF DEM REFORMWEG

Der Koran ist die Offenbarung Gottes, und aus islamischer Sicht gilt das im ursprünglichen Sinn auch für andere Bücher wie die Tora (an Mose offenbart), den Psalter (an David offenbart), das Evangelium (an Jesus offenbart). Alle Schriften, die uns heute vorliegen, das Alte Testament, das Neue Testament und der Koran, als Gottes letztes Testament, werden von Menschen, vor allem von Gläubigen, gelesen.

Frauen waren immer ein explizites Thema in allen heiligen Büchern der Religionen. Auch die Aussagen der Gesandten und Propheten über Frauen waren immer maßgeblich für die Gläubigen. Stellungnahmen über Frauen aus dem Alten und dem Neuen Testament haben das Religionsverständnis jahrhundertelang geprägt. Mit der Aufklärung und der Französischen Revolution begannen besonders frauenfeindliche Textstellen, ihr Gewicht zu verlieren, und für viele Christen und Juden sind sie in der heutigen Zeit irrelevant. Textstellen aus dem Koran und Hadith-Sammlungen spielen bis heute eine zentrale Rolle für die Muslime, wobei allerdings viele von ihnen sie nicht richtig verstehen oder missbrauchen oder im falschen Kontext interpretieren oder schlicht falsch umsetzen.

Wir wissen, dass die biblische Literatur von Menschen, von Männern verfasst und überliefert wurde. Sowohl im Alten wie auch im Neuen Testament findet sich eine Fülle von, aus heutiger Betrachtung, frauenfeindlichen und diskriminierenden Aussagen. Würde man solche Stellen aus dem Text herauspicken und ohne Kontext und ohne andere Aussagen aus derselben Schrift zusammen auflisten (so wie in ähnlicher Weise islamfeindliche Strömungen gerne mit Stellen aus dem Koran verfahren), dann ergäbe sich ein erschreckend negatives Frauenbild der Bibel. So wirft das Alte Testament der Frau die Verführung des Mannes zur »Erbsünde« vor. Zur Strafe dafür beauftragt Gott den Mann, über die Frau zu herrschen (Genesis 3,1-24). Die Bibel rechtfertigt die Ermordung von sogenannten »Hexen«: »Eine Hexe sollst du nicht am Leben lassen« (Exodus 22,17), worauf sich die Inquisition dann gestützt hat. Die Frau ist »Besitz des Mannes« (Jesus Sirach 25,1-26,27), Frauen sollen sich den Männern unterordnen (1 Petrus 3,1-7). »Denn der Mann ist nicht von der Frau, sondern die Frau vom Mann. Der Mann wurde auch nicht um der Frau willen geschaffen, sondern die Frau um des Mannes willen« (1 Korinther 11,8-9). Der Brief an Titus im Neuen Testament ermahnt die Frauen, ihren Männern gehorsam zu sein, damit das Wort Gottes nicht in Verruf kommt (Titus 2,5). »Dass eine Frau lehrt, erlaube ich nicht, auch nicht, dass sie über ihren Mann herrscht; sie soll sich still verhalten« (1 Timotheus 2,12). Paulus fordert, dass die Frauen in der Gemeindeversammlung stumm sein sollen:

> *»Wie in allen Gemeinden der Heiligen sollen die Frauen in den Gemeindeversammlungen schweigen; denn es ist ihnen nicht gestattet zu reden, sondern sie sollen sich unterordnen, wie auch das Gesetz sagt. Wenn sie aber etwas lernen wollen, so sollen sie zu Hause ihre Männer befragen. Schändlich ist es nämlich für [die] Frau, in [der] Gemeindeversammlung zu reden.«*
> *(1 Korinther 14,33b-36)*

Die christliche Theologie befasst sich schon seit Langem damit, Textstellen anhand der historisch-kritischen Lesart einzuordnen und auszulegen. Unter Muslimen ist eine solche Vorgehensweise noch immer umstritten. Selbstverständlich gilt, wie oben für den Koran ausführlich dargestellt wurde, auch für die Bibel, dass schwierige Textstellen aus der jeweiligen Entstehungszeit heraus verstanden werden müssen und stark divergierende Lebenssituationen beschreiben können.

Enttabuisierung der Frauenthemen im Koran

Gleich zu Beginn der Offenbarung des Korans, im 7. Jahrhundert n. Chr., verbot der Koran die Tötung von weiblichen neugeborenen Kindern: »Und wenn das Mädchen, das lebendig begraben wurde, veranlasst wird zu fragen, für welches Verbrechen es getötet werde.« (81:8-9). Das Töten neugeborener Mädchen, indem sie lebendig begraben wurden, war ein grauenvolles, aber durchaus übliches Verfahren in der vorislamischen arabischen Gesellschaft, die in einer Überzahl an Frauen eine Belastung sehen wollte. Der Koran ging daran, Frauenfragen offen zu thematisieren, indem er Frauen in ihrer Würde und ihren Rechten ernst nahm und die Herausforderungen anging, mit denen sie konfrontiert waren. Das zeigen Suren im Koran mit Namen wie *an-Nisa*, »Die Frauen« (Sure 4), oder *al-mudschadala* »Diskussion« (oder auch *mudschadila* »Diskutantin«, Sure 58). Der Anlass für die Offenbarung dieser Sure war eine Diskussion, die zur Zeit des Propheten von einer Frau ausgelöst wurde. Die Frau wandte sich mit einem Problem an die Öffentlichkeit, und die Lösung, die beschlossen wurde, fiel zu ihren Gunsten aus.[1]

Laut einer als authentisch geltenden Überlieferung kam eine Frau zum Propheten Muhammed und sprach: »Ich beobachte alles, was offenbart wird, doch es werden nur die Männer angesprochen, und ich sehe, dass die Frauen vernachlässigt werden.«[2] Darauf folgte die Offenbarung dieses Koranverses:

> *»Wahrlich, für alle Männer und Frauen, die sich Gott ergeben haben, und alle gläubigen Männer und gläubigen Frauen und alle wahrhaft demütig ergebenen Männer und wahrhaft demütig ergebenen Frauen und alle Männer und Frauen, die ihrem Wort treu sind, und alle Männer und Frauen, die geduldig in Widrigkeit sind, und alle Männer und Frauen, die sich (vor Gott) demütigen, und alle Männer und Frauen, die aus Mildtätigkeit geben, und alle selbstverleugnenden Männer und selbstverleugnenden Frauen und alle Männer und Frauen, die auf ihre Keuschheit achten, und alle Männer und Frauen, die unaufhörlich Gottes gedenken: für (alle von) ihnen hat Gott Vergebung der Sünden und eine mächtige Belohnung bereitet.« (33:35)*

Diese kritische Feststellung der Frau zeigt, wie die Frauen der ersten muslimischen Generation die Offenbarung nicht unbeteiligt beobachteten, sondern sich mutig und ihrer Würde bewusst zu Wort meldeten und die Verhältnisse hinterfragten. Und Gottes Reaktion auf diese Frau macht deutlich, dass die berechtigten Erwartungen der Frauen nicht ignoriert werden dürfen, sondern entsprechende Normen aufgestellt werden müssen. Der Koran ging also daran, Frauenthemen zu enttabuisieren. Es galt nun, dass Frauen und Männer offen über alle Probleme in der Gesellschaft diskutieren sollten. Die Menschen des 7. Jahrhunderts wurden aufgefordert, die Stellung der Frau in der Gesellschaft zu überdenken und neu auszurichten. Auch wenn der offenbarte Vers nicht automatisch das Geschlechterproblem lösen konnte, zeigt sich, wie der Koran die Menschen auf ihrem Weg begleiten will. Die Vorgabe lautet: hin zur Gleichbehandlung von Frauen und Männern, es gilt die Gleichheit der Geschlechter.

Der Prophet selbst bekannte sich zu dieser Grundposition Gottes zur Gleichberechtigung mit eigenen Worten: »Die Frauen sind die Geschwister der Männer – mit gleichen Rechten.«[3] Wer sich unvoreingenommen mit der Mission des Propheten für die Gleichberechtigung von Männern und Frauen befasst, wird finden, dass er eine gewaltige Verbesserung der gesellschaftlichen und persönlichen Situation der Frau verwirklichen wollte und diese auch in seinem Umfeld verwirklicht hat.[4] Manches von dem, was wir im modernen Europa als emanzipatorisch betrachten, wurde im 7. Jahrhundert in Mekka und Medina schon thematisiert. Alle religiösen Pflichten wurden für die Frau ebenso verbindlich wie für den Mann. Aber auch Rechte wie das auf Eigentum und auf Erbschaft, die für Frauen in Europa noch nicht lange als selbstverständlich gelten, wurden eingeführt. Genau wie der Mann hat die Frau nicht nur das Recht, sondern die Pflicht, sich geistig weiterzubilden, zu lernen. Sie hat ebenso das Recht und die Pflicht, sich an der Gestaltung der Gesellschaft zu beteiligen und ihren Beitrag zu leisten.

In der Gemeinschaft Medinas, in der Meinungsfreiheit herrschte, war den Frauen erlaubt, das, woran sie glaubten – sei es richtig oder falsch –, auch zu propagieren. In dieser Gemeinschaft riefen die gläubigen Frauen und gläubigen Männer gemeinsam zum Guten auf und warnten vor dem Schlechten, während diejenigen, die der Koran die »Heuchler« nennt, in völliger Freiheit und ohne Sanktion genau das Gegenteil taten, also vom Guten abrieten und das Schlechte befahlen. Sie lehnten z.B. die Almosenabgabe ab und verkündeten ihre Ansichten öffentlich, wovon auch der Koran spricht:

> »Die Heuchler, sowohl Männer wie Frauen, sind alle von einer Art: sie gebieten das Tun dessen, was unrecht ist, und verbieten das Tun dessen, was recht ist, und halten ihre Hände zurück (vom Tun des Guten).« (9:67)

> »Und (was) die Gläubigen, sowohl Männer wie Frauen (angeht) – sie sind einander nahe: sie (alle) gebieten das Tun dessen, was recht ist, und verbieten das Tun dessen, was unrecht ist, und verrichten beständig das Gebet und entrichten die reinigenden Abgaben und geben acht auf Gott und Seinen Gesandten.« (9:71)

Das Maß an Meinungsfreiheit und den öffentlichen und gesellschaftlichen Status, den die Frauen zur Zeit der Offenbarung des Korans genießen konnten, erlangten sie in Europa erst Jahrhunderte später. »In Frankreich dürfen die Frauen erst seit dem 20. Jahrhundert unabhängig von ihren Ehemännern über ihr Eigentum verfügen. In Italien bekamen die Frauen erst im letzten Drittel des 20. Jahrhunderts das Recht auf Scheidung. Der Koran und der Prophet haben die beiden Rechte der Frauen bereits vierzehn Jahrhunderte zuvor anerkannt.«[5]

Trotzdem wird die islamische Lehre als frauendiskriminierend wahrgenommen – und ist das nicht zumindest in manchen Bereichen tatsächlich der Fall? Wir werden darauf zurückkommen müssen. Tatsache ist, dass der Koran, objektiv gesehen, eine patriarchale Rhetorik benutzt – weil er in seinem Ursprung eine patriarchale Gesellschaft im Arabien des 7. Jahrhunderts anspricht. Dies bedeutet aber nicht, dass die Botschaft des Korans patriarchalischer Natur wäre.[6] Gegenüber dem kulturellen Kontext zur Zeit der Koranoffenbarung vertrat der Koran mit seinem Stil und seinem Gedankengut kritische und kontroverse Positionen. Das Ziel war offenbar, die bestehende Lage der Gesellschaft entscheidend zu verbessern. Der Koran forderte – und fordert – kulturelle Weiterentwicklung und gesellschaftlichen Fortschritt. Bezüglich der Frau forderte – und fordert – der Koran zweierlei: ihre Emanzipation und ihre Freiheit. Wie diese Ziele unter veränderten gesellschaftlichen und kulturellen Umständen weiter zu verfolgen und umzusetzen sind, dafür hat Gott uns mit Verstand und Vernunft ausgerüstet.[7] Sie müssen wir einsetzen, vor allem beim Kampf für die Gleichberechtigung der Geschlechter.

Im Koran stehen durchaus Verse, die mit der Gleichberechtigung von Männern und Frauen unvereinbar erscheinen, wenn etwa von einer ungleichen Erbverteilung die Rede ist, davon, dass die Zeugenschaft eines Mannes doppelt so viel wert sei wie die einer Frau, oder der Mann berechtigt sei, seine Frau zu schlagen. Islamfeindliche Strömungen stützen sich gerne auf diese Verse, um ihre Überzeugung zu untermauern, dass der Korantext die Frau als minderwertig gegenüber dem Mann einstuft und ihre Diskriminierung begründet.

Nicht wenige muslimische Männer rechtfertigen mit solchen Versen tatsächlich einen Überlegenheitsanspruch. Somit stellt sich die berechtigte Frage: Stehen diese Verse in der Tat der Gleichberechtigung entgegen, oder müssen wir diese Aussagen im zeitlichen Kontext der Offenbarung verstehen? Sehen wir uns im Folgenden die einschlägigen Textstellen nacheinander genauer an, in der Reihenfolge des Korans:

- »Wenn es (als Zeugen) keine zwei Männer sein (können), dann sollen es ein Mann und zwei Frauen sein.« (Sure 2, Die Kuh, 282)
- »Aus ihm schuf Er seine Gattin.« (Sure 4, Die Frauen, 1)
- »Männer stehen über den Frauen.« (Sure 4, Die Frauen, 34)
- »(...) meidet sie im Ehebett und schlagt sie!« (Sure 4, Die Frauen, 34)

Die Gleichberechtigung der Geschlechter

Die Gleichberechtigung der Geschlechter, als Begriff und als Forderung, geht auf die Französische Revolution im 18. Jahrhundert zurück. In den Jahren 1789-1793 bildeten sich in Frankreich erste Frauenclubs. Ihre Forderungen waren: volle Bürgerrechte für Frauen, die Gleichstellung von Mann und Frau und das Frauenwahlrecht. Mehr als tausend Jahre vor diesem europäischen Reformprozess hat der Koran schon im 7. Jahrhundert die Gleichberechtigung, Gleichstellung und Chancengleichheit der Geschlechter – ohne diese moderne Begrifflichkeit zu verwenden – thematisiert. Die beiden Geschlechter sind nach dem Koran gleichermaßen die Empfänger von Gottes Geist, weil sie mit der gleichen menschlichen, physischen und geistigen Natur erschaffen wurden. Es liegen mehrere Belege aus dem Koran vor, die die Gleichberechtigung von Mann und Frau untermauern. Zum Ersten ihre Gleichheit bei ihrer Erschaffung, sodann die gleiche Ehre und Würde für beide Geschlechter ohne Unterschied:

> *»Und Wir haben ja die Menschen (Männer und Frauen) geehrt; Wir haben sie auf dem Festland und auf dem Meer getragen und sie von den guten Dingen versorgt, und Wir haben sie vor vielen von denen, die Wir erschaffen haben, eindeutig bevorzugt.«* (17:70)

Gleichberechtigung, arabisch *musawat*, ist dem Koran auch als Begriff nicht fremd. Er kommt zusammen mit dem Begriff Gerechtigkeit, *adl*, vor *(alladhi khalaqaka fasawwaka fa **adal**ak)*«:

> *»Der dich erschaffen und dabei zurechtgeformt (sawa) und wohlgebildet (adl) gemacht hat.«* (82:7)

In diesem Vers schließt das Wort *sawa* Gleichbehandlung und Gleichberechtigung ein, denn es bedeutet nicht nur »machen«, sondern darüber hinaus auch »gleichmachen, gleichstellen« u.Ä. Das Wort kann hier also bedeuten: »Gott hat den Menschen zurechtgeformt«, aber eben auch »Gott hat die Menschen (einander) gleichgestellt«. An anderen Stellen ist davon die Rede, dass Gott den Menschen »wohlgebildet, aufrecht erschaffen und ihm die schönste Gestalt gegeben hat«,[8] und auch dafür kann diese Vokabel verwendet werden. Hier aber wird dieser Vers zu einer Referenz für die Qualität des Menschen allgemein, und somit für Männer *und* für Frauen. Auch der folgende Koranvers hebt die Gleichberechtigung der Geschlechter schon zu Anfang der Erschaffung der Spezies Mensch hervor:

> »Denkt der Mensch also, dass es ihm selbst überlassen bleibt, nach Belieben vorzugehen? War er nicht einst ein (bloßer) Samentropfen, der vergossen worden war und danach eine Keimzelle wurde – woraufhin Er (sie) erschuf und formte (oder gleichstellte, sawa) in Übereinstimmung mit dem, was (sie) sein sollte, und aus ihr die beiden Geschlechter bildete, das Männliche und das Weibliche?« (75:36-39)

Gott bevorzugt kein Geschlecht, es gilt die Gleichberechtigung zwischen Mann und Frau als Folgerung aus der Untrennbarkeit der Erschaffung des männlich-weiblichen Paares als eine einzige Einheit.

Die Frage der Gleichstellung von Frauen mit Männern hat drei Dimensionen: ontologische, anthropologische und juristische. Aus dem ontologischen Blickwinkel sind Männer und Frauen auf der einen Seite gleich (sie besitzen zwei Arme, zwei Beine, zwei Augen, ein Herz usw.), während sie auf der anderen Seite auch unterschiedlich sind (z.B. in ihren Geschlechtsorganen). Ein Mann und eine Frau sind vom menschlichen Aspekt her gleich, während sie sich nach ihren bio-psychologischen Eigenschaften unterscheiden.[9] Biologische, ontologische und anthropologische Unterschiede zwischen Männern und Frauen können nicht als Argument für eine angebliche Ungleichheit zwischen ihnen geltend gemacht werden. Nachdem Gott Frau und Mann aus einer einzigen Substanz (wie wir später sehen werden) erschaffen und die Geschlechter gleichberechtigt hatte, verpflichtete Er beide, gerecht zu handeln. Das bedeutet, dass durch Gerechtigkeit die Gleichberechtigung erreicht wird.[10]

In dem oben genannten Koranvers steht das Wort *sawa*, das auf Gleichheit verweist, vor dem Wort *adl*. Dieser Begriff wurde hier frei übersetzt mit »wohlgebildet«, wobei seine Grundbedeutung aber auf Gerechtigkeit verweist. Das heißt, dass es Ziel der Gerechtigkeit ist, die Gleichheit der Geschlechter und der Menschen zu verwirklichen. Erst wenn sie rechtliche und moralische Gleichberechtigung erreicht haben, verwirklichen sie auch die Gerechtigkeit, die Gott prinzipiell in zwischenmenschlichen Beziehungen gebietet. Gerechtigkeit ist ein umfassenderer Begriff als Gleichberechtigung, weil er diese miteinschließt. Wenn sich Menschen für Gerechtigkeit einsetzen, tun sie das, um ein Ziel zu erreichen, und dieses Ziel ist folgerecht die Gleichberechtigung. Wo keine rechtliche und moralische Gleichberechtigung und Gleichbehandlung gewährleistet sind, kann auch keine Gerechtigkeit herrschen. Die Idee ist, dass sie untereinander Solidarität und Zusammenarbeit pflegen, um die Ungerechtigkeit gemeinsam zu bekämpfen. Wo keine Gerechtigkeit herrscht, wird Unrecht auftreten. Unrecht, arab. *dhulm*, ist wiederum die Sünde, vor der der Koran die Menschen am häufigsten warnt. Und Frauen nicht gleichberechtigt zu behandeln, ist somit ebenfalls Sünde. Ungerechtes Handeln der Menschen ist die Ursache für den Untergang von Völkern:

»*Und fürwahr vernichten Wir vor eurer Zeit (ganze) Generationen, als sie (beharrlich) Übel/Unrecht taten, obwohl die zu ihnen geschickten Gesandten ihnen allen*

Beweis der Wahrheit brachten; denn sie weigerten sich, (ihnen) zu glauben. Also vergelten Wir Leuten, die in Sünden verloren sind.« (10:13)

»Und (in all eurem Handeln gebt) volles Maß und Gewicht in Gerechtigkeit.« (6:152)

»Seid gerecht: Dies ist dem am nächsten, gottesbewusst zu sein!« (5:8)

Für die Beziehungen zwischen Frauen und Männern sind zwei Prinzipien aus dem Koran zu berücksichtigen:

- *»Sie (Frauen) sind wie ein Gewand für euch, und ihr (Männer) seid wie ein Gewand für sie.« (2:187)*
- *»Gott belastet keinen Menschen mit mehr, als er/sie gut zu tragen vermag.« (2:286)*

Manche wenden nun ein, dass nach dem Gleichberechtigungsprinzip Frauen z.B. auch schwere körperliche Arbeit beispielsweise am Bau oder im Bergbau verrichten müssten. Aber das stünde im Gegensatz zum Prinzip der Geschlechtergleichberechtigung, denn Frauen zu schwerer körperlicher Arbeit zu zwingen, bedeutet Ungerechtigkeit. Nach dem islamischen Prinzip der Gerechtigkeit, das unter anderem auch durch Gleichberechtigung der Geschlechter verwirklicht wird, fokussiert sich der Islam auf einen grundsätzlichen Vorrang von Gerechtigkeit. Gleichberechtigung ist nicht und bedeutet nicht absolute Gleichheit oder Gleichbehandlung.[11] Hier geht es um die Würde des Menschen als Mensch, unabhängig vom Geschlecht. Gott bevorzugt die moralische und rechtliche Gleichheit, durch welche die Gerechtigkeit sowohl bei Menschen als auch bei Geschlechtern im Alltag verwirklicht wird. In seiner Botschaft fordert der Islam, die Unterschiede bei den Geschlechtern zu berücksichtigen und in der Lebenspraxis anzuerkennen. Die von Gott gewollten, biologischen und emotionalen Unterschiede zwischen den Menschen und den Geschlechtern dürfen keine gegenseitige Diskriminierung motivieren. »Diese Gleichheit und Gleichberechtigung der Menschen und der Geschlechter ist nicht (nur) eine anthropologische Tatsache, das Wesen des Menschen betreffend, sondern vor allem eine wichtige religiöse, juristische und moralische Verpflichtung jedes einzelnen Menschen.«[12] Deshalb hat Gott das Wirken und das Engagement von Frauen und Männern gleichgestellt:

>»Da erhörte sie ihr Herr: ›Ich lasse kein Werk eines (Gutes) Tuenden von euch verlorengehen, sei es von Mann oder Frau; die einen von euch sind von den anderen.‹« (3:195)

>»Darum begehrt nicht die Wohltaten, die Gott einigen von euch reichlicher erteilt hat als anderen. Die Männer sollen einen Nutzen haben von dem, was sie verdienen, und die Frauen sollen einen Nutzen haben von dem, was sie verdienen.« (4:32)

>»Was einen jeden angeht – sei es Mann oder Frau –, der rechtschaffene Taten tut und überdies einer der Gläubigen ist, – ihn werden Wir gewiss ein gutes Leben leben lassen; und ganz gewiss werden Wir solchen wie diesen ihren Lohn in Übereinstimmung mit dem Besten gewähren, das sie je taten.« (16:97)

»Dort wird jedem, der eine schlechte Tat getan hat, nicht mehr vergolten als der gleichen, während jeder, sei es Mann oder Frau, der rechtschaffende Taten gemacht hat und über dies einer der Gläubigen ist – alle solche werden ins Paradies eingehen, worin sie mit Gutem jenseits aller Berechnung gesegnet werden.«
(40:40)

Der Koran will damit die Männer und die Frauen in ihrem sozialen und rechtlichen Status gleichstellen. Dabei wird nur eine horizontale Verbindung zwischen Mann und Frau beide zu ihrer Bestimmung führen. Diese Verse bestätigen die Gleichberechtigung und Gleichstellung von Männern und Frauen im moralischen und rechtlichen Sinn, trotz ihrer physiologischen, psychologischen und persönlichen Unterschiede.

Der Gelehrte Yusuf al-Qaradawi sagt: »Mann und Frau sind grundsätzlich gleich erschaffen, sowohl in Bezug auf allgemeine menschliche Merkmale als auch in Bezug auf Pflichten und Verantwortung, auf Belohnung und Strafe sowie in Bezug auf das Schicksal. Alle Menschen – sowohl Frauen als auch Männer – wurden von Gott erschaffen, aus *einer* Seele, von der ein Paar erschaffen wurde, in dem ein Teil das andere ergänzt und umgekehrt. Von dieser einen Familie wurde die menschliche Gattung verbreitet, die als Ganze einem einzigen Herrn untergeordnet ist und die als Nachkommen einer gemeinsamen Mutter und eines gemeinsamen Vaters in einer Bruder-Schwester-Beziehung vereint sind. In diesem Geiste verhalten sich Männer zu Frauen als Brüder und Frauen zu Männern als Schwestern.«[13]

Mann und Frau sind nach koranischer Auffassung Partnerwesen. Gott hat sie aus einer Essenz oder aus einem einzigen lebenden Wesen, sozusagen einer Vorstufe der Geschlechter, erschaffen. Daraus wird abgeleitet, dass Mann und Frau nach Gottes Willen komplementär sind, also sich gegenseitig ergänzende Wesen. Die Aussage, dass beide aus einer und derselben Essenz stammen, begründet die Gleichheit von Mann und Frau.[14]

Der Mensch wurde mit *ahsan-i-taqwim* »in schönster Gestalt« (95:4) als sein Potential erschaffen, als geehrtes Geschöpf (17:70), mit biologischer Stärke (90:4), mit Qualitäten und Fähigkeiten, mit Verstand ausgestattet um seine Umwelt, die Natur und den Kosmos zu verstehen (30:9), als einziges Geschöpf mit Vernunft begabt (2:75) und mit Verantwortung auf der Erde betraut (6:165). Alle diese Fähigkeiten kommen sowohl den Männern als auch den Frauen zu. Männer und Frauen entfernen sich im gleichen Maße vom Guten und Bösen, oder sie neigen dem Guten und dem Bösen zu, der Belohnung, der Verzeihung und der Strafe, mit ihren Mängeln und Tugenden. Beide können Schwäche und Stärke zeigen (3:14).

In Bezug auf die religiös-geistige, moralische, gesellschaftliche und rechtliche Verantwortung sind die Geschlechter in allen Lebensbereichen ebenfalls gleich. Auf sie alle beziehen sich gleichermaßen die Gebote zum Gebet (2:110), zum Fasten (2:183), zur sozialen Abgabe (2:11), zur Pilgerfahrt (3:96), zur aufrichtigen Reue (5:39) und die Verheißung der Belohnung durch gute Taten (27.89). Auch ohne Unterschied in Bezug auf das Geschlecht werden Kranke und Behinderte von entsprechenden Verpflichtungen ausgenommen. Wenn es um die moralische Verantwortung geht, sind Männer und Frauen im gleichen Maße zur Verwirklichung der Werte gefordert: Ehrlichkeit, Aufrichtigkeit, Gerechtigkeit, Gutes tun und Böses bekämpfen, Solidarität und Hilfe, Unterstützung guter Menschen usw. In Bezug auf die gesellschaftliche Verantwortung sind Frauen und Männer in ihrem Recht auf freie Entscheidung und freie Meinungsäußerung gleichberechtigt. Die Frau nimmt am gesellschaftlichen und politischen Leben in all seinen Aspekten gleichberechtigt mit dem Mann teil, denn Frauen leisteten dem Propheten einen Treueeid:

»O Prophet! Wann immer gläubige Frauen zu dir kommen, um dir ihre Treue zu versprechen, (und versprechen,) dass sie (hinfort) auf keine Weise etwas anderem als Gott Göttlichkeit zuschreiben und nicht stehlen und nicht Ehebruch begehen und nicht ihre Kinder töten und sich nicht in Verleumdung ergehen, die sie fälschlich aus dem Nichts ersinnen, und dir nicht in irgend etwas (was du als) recht (erklärst,) nicht gehorchen würden – dann nimm ihre Treuversprechen an und bete zu Gott, ihnen ihre (vergangenen) Sünden zu verbergen.« (60:12)

Der Koran ist eindeutig in Bezug auf gute und schlechte Menschen: Nur der- und diejenige, der oder die gottesfürchtiger, gottesbewusster und gerecht und anderen Menschen nützlich ist, genießt spirituellen Vorteil vor Gott:

»O Menschen! Siehe, Wir haben euch alle aus einem Männlichen und einem Weiblichen erschaffen und haben euch zu Nationen und Stämmen gemacht, auf

dass ihr einander kennenlernen möget. Wahrlich, der Edelste von euch in der Sicht Gottes ist der, der sich Seiner am tiefsten bewusst ist.« (49:13)

Der Koran räumt anderen Eigenschaften, um etwa Höherwertigkeit oder Überlegenheit vor Gott zu beanspruchen, keinen Platz ein und toleriert sie nicht. Das wesentliche logische Argument liegt in der Tatsache, dass Gott jedes menschliche Wesen gleichermaßen geschaffen hat. Er ist zu allen gleich gerecht, und kein Mensch/Geschlecht wird bei Ihm vor einem anderen bevorzugt. »Jede Komponente eines Paares ist notwendig und so wichtig wie die andere, sie sind beide gleichwertig. Weil Menschen aus einem Paar, Adam und Eva, erschaffen wurden, werden sie dadurch daran erinnert, dass sie der gleichen Familie angehören und sind wie Brüder und Schwestern in einer großen Familie gleichgestellt. Unterschiedliche Geschlechter, Sprachen, Ethnien sowie religiöse Überzeugungen stellen keine Grundlage für Überlegenheit oder Minderwertigkeit dar. Wenn Menschen sich in diesen Ausprägungen unterscheiden, so liegt der Sinn hierin: »*damit ihr euch gegenseitig kennenlernt!*«. Dieses von Gott erschaffene bunte Mosaik des Menschseins ist schöner, wertvoller, als es eine einzige Farbe oder Unisex sein könnten. Die wichtigste Botschaft Gottes von allen ist Seine kategorische Aussage, dass die angesehenste Person bei Gott diejenige ist, die am gewissenhaftesten, beziehungsweise am konstruktivsten und am nützlichsten lebt. Damit werden alle denkbaren Motive und Argumente für eine etwaige Überlegenheit zwischen den Menschen, beziehungsweise zwischen Männern und Frauen ausgeschlossen.«[15] Es ist also die Rede von einer vollkommenen, von Gott vorgegebenen und eingeforderten Gleichberechtigung der Geschlechter. Ungleichheit, Ungleichbehandlung beziehungsweise Ungerechtigkeit zwischen den Geschöpfen sind immer ein Produkt des Menschen, das dem Willen Gottes widerspricht.[16]

Wir müssen uns aber die Frage stellen: Inwieweit stimmen heute, im 21. Jahrhundert, die Gleichberechtigungsvorstellungen in den muslimisch geprägten Ländern, aber auch innerhalb der Muslime in nicht muslimisch geprägten Ländern, mit den Forderungen des Korans überein? Entwicklung und Fortschritt in der (muslimischen) Gesellschaft setzen ein gleichberechtigtes ethisch-rechtliches Verhältnis zwischen den Geschlechtern voraus. Und wie steht es um die Gleichberechtigung heute in Deutschland?

Im Mai 1957 verabschiedete der Deutsche Bundestag das Gesetz über die Gleichberechtigung von Mann und Frau. Am 1. Juli 1958 trat es in Kraft. Laut Artikel 3 des Grundgesetzes sind Männer und Frauen gleichberechtigt. Sind sie dies wirklich – auch in der Praxis? Das Weltwirtschaftsforum (WEF) hat im Dezember 2018, – also 60 Jahre nach der Einführung des Gleichberechtigungsgesetzes –, die jährliche Studie »Global Gender Gap Report« veröffentlicht,[17] in der Deutschland in manchen Bereichen der Gleichberechtigung schlecht abgeschnitten hat. Der Frauenanteil in den Parlamenten hat abgenommen, zudem haben Frauen weiter deutlich schlechtere Bildungschancen als Männer. In der aktuellen Ausgabe rutscht Deutschland in der Gesamtwertung auf Rang 14 ab. Beim ersten Ranking 2006 hatte Deutschland noch auf Platz 5 rangiert. Dennoch hat Deutschland in der Welt ein frauenfreundliches Image: Die Bundesrepublik wird von einer Frau regiert, und die drei größten Parteien (CDU/SPD/DIE GRÜNEN) werden zurzeit von Frauen geführt. Inwieweit speziell muslimische Frauen in Deutschland unter Frauenfeindlichkeit leiden, ist schwer einzuschätzen. Es gibt muslimische Frauen wie Aydan Saliha Özoğuz, die es geschafft hat, im Rang einer Staatsministerin bei der Bundeskanzlerin zu wirken; es gab aber auch die Pharmazeutin Marwa El-Sherbini, die wegen ihres Kopftuchs im Landgericht Dresden am 1. Juli 2009 von Angeklagten aus islamfeindlichen Motiven erstochen wurde. Muslimische Frauen, vor allem, wenn sie Kopftuch tragen, erleben manchmal Diskriminierung und Ausgrenzung, vor allem auf dem Arbeitsmarkt.

Generell ist der Weg zur Gleichberechtigung der Frauen in der Welt sehr steinig. Im jetzigen Tempo würde es länger dauern, die globale Lücke zwischen den Geschlechtern zu schließen, schreiben die Autoren der genannten Studie. Bei dem aktuellen Reformtempo würden mehr als 200 Jahre vergehen, bis Männer und Frauen überall auf der Welt die gleichen Chancen auf dem Arbeitsmarkt hätten. Laut der Studie des Jahres 2017 liegt Saudi-Arabien an der Spitze der zehn arabischen Länder, in denen die Lücke und Diskrepanz bei der Umsetzung der gesetzlichen Gleichbehandlung der Geschlechter besonders groß ist. Unter den Ursachen für diese Diskrepanz und Diskriminierung ist mir dieser Satz aufgefallen:»Die rückständigen sozialen Traditionen und Sitten, die in Gesetzen verankert sind«.[18] Mit »rückständigen sozialen Traditionen« sind indirekt das Islamverständis und die daraus resultierende Praxis gemeint. Bauen einige Muslime ihre kulturelle Tradition und manche Länder ihre Gesetze auf einem falschen Verständnis mancher Koranstellen auf?

Wiegt das Zeugnis eines Mannes doppelt so viel wie das einer Frau?

Zeugenschaft (*schahada*) und Falschaussage (*schahadetu-z-zur*) waren im Koran immer sehr wichtige Themenbereiche, weil die Wahrheitsfindung unmittelbaren Einfluss auf Gerechtigkeit oder Ungerechtigkeit hat. Heute, in Zeiten von »fake news« und der Überflutung mit nicht nachprüfbaren Behauptungen im Internet, wird besonders deutlich, wie zentral die Vertrauenswürdigkeit bei der Feststellung von Tatsachen ist. *Schahada*, Zeugenschaft, fordert Ernsthaftigkeit und Verantwortung ein, während *schahadetu-z-zur*,[19] Falschaussage, schwerwiegende Folgen im Diesseits wie auch im Jenseits nach sich ziehen kann.

Im Koran finden wir an mehreren Stellen Regelungen zur Zeugenschaft. Nur an einer davon setzt der Koran die Zeugenaussagen von zwei Frauen mit der Zeugenaussage eines Mannes gleich. Hier geht es um Schuldenrecht, und die entsprechende Stelle umfasst zugleich den längsten Vers im ganzen Koran, den sogenannten »Schuldenvers«:

> *»O ihr, die ihr Glauben erlangt habt! Wann immer ihr einen Kredit für eine festgelegte Frist gebt oder nehmt, legt es schriftlich nieder. Und ein Schreiber soll es gerecht zwischen euch niederschreiben; und kein Schreiber soll sich weigern zu schreiben, wie Gott es ihn gelehrt hat: also soll er schreiben. Und derjenige, der die Schuld aufnimmt, soll diktieren; und er soll sich Gottes, seines Erhalters, bewusst sein und nichts von seiner Verpflichtung schmälern. Und wenn derjenige, der die Schuld aufnimmt,*

*schwachen Geistes oder Körpers ist oder nicht fähig
ist, selbst zu diktieren, dann soll derjenige, der über
seine Interessen wacht, gerecht diktieren. Und ruft
zwei eurer Männer auf, um als Zeugen zu handeln;
und wenn zwei Männer nicht verfügbar sind, dann
einen Mann und zwei Frauen von solchen, die euch
als Zeugen geeignet erscheinen, so dass, wenn eine
von ihnen einen Fehler machen sollte, die andere
sie erinnern könnte. Und die Zeugen dürfen sich
nicht weigern (Zeugnis zu geben), wann immer sie
aufgerufen werden. Und seid nicht abgeneigt, jede
vertragliche Regelung niederzuschreiben, sei sie
klein oder groß, zusammen mit der Zeit, zu der sie
fällig wird; das ist gerechter in der Sicht Gottes,
zuverlässiger als Beweis und eher geeignet, euch
davor zu bewahren, (später) Zweifel zu haben.
Wenn jedoch (die Transaktion) sogleich verfügbare
Handelsware betrifft, die ihr einander direkt übergebt,
werdet ihr keine Sünde auf euch laden, wenn ihr
es nicht niederschreibet. Und nehmt Zeugen. Wann
immer ihr miteinander Handel treibt, aber weder
Schreiber noch Zeuge dürfen Schaden erleiden;
denn wenn ihr (ihnen Schaden zufügt), siehe, es wird
sündhaftes Verhalten eurerseits sein. Und bleibt euch
Gottes bewusst, denn Gott ist es, der euch (hiermit)
lehrt – und Gott hat volles Wissen von allem.«* (2:282)

Wie aus dem koranischen Text ersichtlich ist, »bezieht sich diese Frage auf den Rechtsschutz beziehungsweise auf die Verhinderung eines möglichen Schadens«.[20] Dass zwei Frauen als Ersatz für einen Mann als Zeuginnen fungieren, wird dabei wie folgt begründet:

»Wenn zwei Männer nicht verfügbar sind, dann einen Mann und zwei Frauen von solchen, die euch als Zeugen geeignet erscheinen, so dass, wenn eine von ihnen einen Fehler machen sollte, die andere sie erinnern könnte.« (2:282)

Wieder haben wir es hier mit einer Sicht auf die Frau zu tun, die auf eine konkrete gesellschaftliche Situation Bezug nimmt, in der das Patriarchat herrschte und Frauen von ihren Männern wirtschaftlich und sozial abhängig waren. Manche neuzeitlichen Korankommentatoren, wie Muhammad Abduhu (gest. 1905) und sein Schüler Raschid Rida (gest. 1935),[21] versuchen, das damit zu rechtfertigen, dass die Frauen zur Zeit der Offenbarung des Korans, mit wenigen Ausnahmen (wie Chadidscha, die Ehefrau des Propheten Muhammed), kaum Zugang zu den Zentren hatten, an denen Handel mit Waren und Geld betrieben wurde. Da die Frauen mit Finanzgeschäften nicht vertraut waren, das Schuldenrecht aber in diese Domäne gehört, wurde von einem Mann hier mehr Kompetenz erwartet als von einer Frau. Dahinter steckt die Sorge, dass jemand, der mit Finanzgeschäften weniger vertraut ist, die Vertragsbedingungen weniger gut überblicken könnte. Die klassischen Kommentatoren deuten die Bestimmung dagegen im Sinne einer vorgeblichen Schwäche des Verstandes der Frau. Ihre Interpretation beruht auf einer angeblichen Überlieferung, die sie dem Propheten zuschreiben: »Die Frauen sind im Verstand und in der Religiosität schwach.« Muhamed Ammare stellt in seinem Kommentar dieser Überlieferung fest, dass der Hauptgrund für die Entstehung dieser und ähnlicher Überlieferungen in der Tatsache liegt, dass eine solche Sicht auf Frauen aus der vorislamischen Tradition übernommen wurde, einer Lebenspraxis, von der der Islam eine allgemeine Befreiung brachte.[22] Demnach sei ein Mann wegen seines Verstandes so viel wert wie zwei Frauen.

Weder zeitgenössische noch klassische Korankommentatoren haben meines Erachtens schlüssig erklärt, warum bei der Zeugenschaft ein Mann oder zwei Frauen gefordert werden. Denjenigen, die behaupten, dass die Frau zur Vergesslichkeit neige, infolge einer Schwäche ihres Verstandes oder einer anderen, angeblichen biologisch begründeten Eigenschaft, widerspricht Gott selbst sehr entschieden, Er, der sowohl Männer als auch Frauen geehrt und mit Verstand ausgestattet hat. Es gab immer intelligente und weniger intelligente Männer genauso wie Frauen. Wir wissen längst, dass sich der Verstand einer Frau und eines Mannes physiologisch nicht unterscheiden und dass sich Denkvermögen und Gedächtniskraft nicht nach Geschlechtern abstufen lassen. Natürlich haben Menschen unterschiedliche Neigungen, und eine Gesellschaft und Kultur kann bei der Verwirklichung von Neigungen und Interessen durchaus ein Geschlecht bevorzugen oder benachteiligen.

Der Position, wonach zwei Frauen als Ersatz für die Zeugenschaft eines Mannes fungieren sollen, weil Frauen in Handels- und Finanzgeschäften damals üblicherweise nicht tätig waren, hält der türkische Theologe Ibrahim Sarmış eine überzeugende Argumentation entgegen (die natürlich zugleich auch die traditionalistische Sicht verneint). Ich paraphrasiere:»Der Begriff im Vers: ›*an tadilla ihdahuma fetudhekkira ihdahumal ukhra* – wenn eine von beiden sich vergisst/irrt/vom Weg abirrt *(ta-*

dilla) – eine die andere erinnere‹, bedeutet nicht, dass die Frauen vergessen, sich irren oder vom Weg abkommen. Dieser Ausdruck bedeutet, dass sie sich gegenseitig vor Abweichung, Irrtum oder Vergessen schützen oder sich korrigieren sollen. Der Grund für die Zeugenschaft zweier Frauen in der Rechtspraxis der Muslime steht in Verbindung mit der gesellschaftlichen Stellung der Frau im Laufe der Geschichte. Mit wenigen Ausnahmen dominierten in der Geschichte der Menschheit immer Männer die Gesellschaft. Durch die patriarchale und kriegerische Tradition setzten sie ihre Herrschaft über die Frau durch: Männer hielten Frauen unter Kontrolle und zwangen sie, ihre Interessen zu verwirklichen. Ein solches gewalttätiges Verhalten der Männer gegenüber den Frauen existiert heute noch in manchen Ländern, in denen Frauen gezwungen werden, sich so zu verhalten, wie das die Männer von ihnen verlangen. Dort ist die Frau Formen von Unterdrückung und Bedrohung ausgeliefert. In der Rechtspraxis werden die Frauen in manchen dieser Länder gezwungen, Falschaussagen zugunsten ihrer Männer abzulegen. Wenn eine Frau dies ablehnt, droht ihr der Mann, ihre Familie zu zerstören, ihre Kinder zu entführen oder sie zu töten. Tatsache ist, dass die Frau eine empfindliche Psyche besitzt und soziologisch dem Mann und den Kindern gegenüber anhänglicher ist. Die Folge dieser Bindung ist, dass die Frau oft gezwungen ist, die Gewalt des Mannes zu erdulden. Aus psychologischen Gründen, wegen ihrer Sensibilität und ihrer Aufopferung für Kinder, ist es möglich, dass sie aus Angst vor dem gewalttätigen Mann falsch aussagt. So ist es zu verstehen, warum der Koran die Zeugenschaft von zwei Frauen bei der Vertragsschließung verlangte. Durch das Zeugnis einer zweiten Frau sollten Schutz und Gerechtigkeit gewährleistet werden. Denn falls die erste Frau eventuell gezwungen werden würde, die Wahrheit zu leugnen, so könnte die zweite Frau in dieser Ausnahmesituation intervenieren. In einem solchen Fall würde sie, die zweite Zeugin, durch ihr Eingreifen für Gerechtigkeit sorgen und materiellen Schaden verhindern. Die Zeugenschaft der zweiten Frau ist also nicht deshalb notwendig, weil Frauen einen schwachen Verstand besäßen oder vergesslicher wären als Männer, und auch nicht, weil sie keine Erfahrung in Finanzgeschäften und im Handel hätten. Die Zeugenschaft zweier Frauen ist nur in dem Fall erforderlich, wenn die Möglichkeit besteht, dass eine Frau unter Druck und Gewaltandrohung durch den Mann zu einer falschen Aussage gezwungen werden könnte. In einem solchen Fall wird eine zweite Frau als Zeugin genommen, um die erste Frau zu korrigieren, zu ermahnen und an die Wahrheit zu erinnern. Daher ist das Endziel der Zeugenschaft der zweiten Frau die Verhinderung eventuellen Unrechts. Alle anderen Argumente – wie die Unfähigkeit der Frau in Handelsgeschäften, Schwäche der Vernunft und der Religiosität der Frau, stehen im Gegensatz zur Lehre des Korans.«[23]

Nach dieser kritischen Analyse und aufgrund der Umstände und Bedingungen, in denen wir heute leben, müssen wir uns fragen: Können wir in der heutigen Zeit behaupten, dass die Aussage einer gebildeten und erfahrenen Frau, z.B. einer Geschäftsfrau, weniger gelten solle als die Aussage eines in Geschäftsangelegenheiten weniger gebildeten Arbeiters? Natürlich nicht! Deswegen ist die Frage des Werts einer gerichtlichen Zeugenaussage mit der Qualifizierung und Bildung des Zeugen oder der Zeugin verbunden. Wenn es sich um eine gebildete und achtsame Frau handelt, ist ihr Zeugnis in Finanzgeschäften bei der Schließung rechtlicher Verträge natürlich vollkommen gleichwertig mit dem Zeugnis eines gebildeten und achtsamen Mannes. Der genannte Vers (2:282) dient daher dem Rechtsschutz der Allgemeinheit, und er will sicher nicht ausschließen, dass Frauen in Zukunft dank besserer Ausbildung und Einbeziehung in den Wirtschaftsprozess Kompetenz auf diesem Gebiet erwerben.[24]

Es hat übrigens auch in der muslimischen Rechtspraxis Fälle der Zeugenschaft zweier gebildeter und moralisch verantwortungsbewusster, ehrlicher Frauen, ohne zusätzliche Zeugenschaft eines Mannes gegeben. Das Ziel des Korans ist und bleibt bis heute dasselbe: durch objektive Zeugenaussagen Gerechtigkeit zu gewähren. Der Islam widerspricht daher nicht grundsätzlich der Gleichwertigkeit der Aussagen von Mann oder Frau. Darauf deutet auch die Formulierung hin: »Mit denen [ihr] als Zeugen zufrieden seid« *(mimmen tardawna minasch-schuhada')*.

Wenn wir allgemein und objektiv den ganzen »Schuldvers« analysieren, stellen wir zweierlei fest: 1) Der Vers wurde offenbart, um Fälle von Zeugenschaft objektiv zu regeln. Der Vers enthält keinen Befehl, sondern eine Empfehlung. Er schlägt Regelungen vor. 2) Der Vers betont die Wichtigkeit der moralischen Glaubwürdigkeit des Vertragsunterzeichners beziehungsweise des Zeugen oder der Zeuginnen.[25]

Der Abschluss von Verträgen muss nicht zwingend schriftlich erfolgen, ein Vertrag kann auch mündlich geschlossen werden. Der Vers empfiehlt die Schriftform, aber er verlangt sie nicht. Ebenso ist es als eine Empfehlung zu verstehen, nicht als Verpflichtung, dass zwei Frauen als Zeuginnen auftreten. Wenn der betroffene Vertragspartner damit zufrieden ist, dass nur eine Frau als Zeugin fungiert, die hinsichtlich ihrer Fähigkeiten und Kapazitäten zuverlässig ist, dann ist dem Recht Genüge getan. Es besteht kein rechtliches Hindernis im Islam, weil es schließlich um die Bestätigung des Rechts auf eine Sache geht und nicht um eine Tat, die das Ziel an sich ist. Die Zeugenschaft ist ein Akt der Bestätigung und Beglaubigung, wodurch Verpflichtungen, Rechte und Sanktionen zwischen den Vertragspartnern und ihren Zeugen entstehen. Die Zeugenschaft ist die Bestätigung der bestimmten rechtlichen Handlungen zur Erreichung eines bestimmten Zieles. Weiterhin ist die Zeugenschaft auch die Bestätigung, mit der die Rechte und die Pflichten aus den Tatbeständen des Vertrags gewährleistet werden.

Wenn es sich beim sogenannten »Schuldvers« also um ein spezifisches rechtliches Verhältnis und um die Qualifizierung der Besonderheiten der Frau handelt, dann ist es falsch, diese Regelung auf alle anderen Situationen, in denen Frauen als Zeuginnen auftreten, zu übertragen. Im Koran gibt es außer Zeugenschaft im Bereich des Schuldenrechts noch weitere Rechtsbereiche, in denen Zeugenschaft erforderlich ist. In keinem davon macht der Koran einen Unterschied zwischen Mann und Frau. Die Praxis einiger Islamgelehrter, wonach z.B. bei der Trauung zwei Trauzeuginnen anstelle eines männlichen Trauzeugen verlangt werden, stellt eine unzulässige Übertragung einer handelsrechtlichen Bestimmung und eine falsche Interpretation dar. Zur Zeugenschaft bei der Eheschließung äußert sich der Koran nicht. Der Prophet hat als Trauzeugen zwei Menschen gefordert, das können Männer oder Frauen sein.

Das Kriterium dabei ist nicht das Geschlecht, sondern Gerechtigkeit. In Analogie zu einem Koranvers, der bei der Ehescheidung verlangt: »Und lasst zwei (bekanntermaßen) redliche Personen von euch selbst« (65:2), hat der Prophet entschieden, dass »zwei gerechte Zeugen bei der Eheschließung anwesend seien«.[26] Weder Gott im genannten Koranvers noch der Prophet in seiner Aussage erwähnen dabei explizit ein Geschlecht. Beide betonen vielmehr Gerechtigkeit. Was ist also falsch daran, wenn wir als Trauzeugen zwei gerechte Personen, nämlich einen Mann und eine Frau verlangen? Warum sollten die Meinungen von Gelehrten, die bei der Eheschließung die Anwesenheit von zwei Männern oder einem Mann und zwei Frauen verlangen, analog zu jenem Vers, der über Finanzen spricht, gewichtiger sein als diese beiden Instanzen, Koran und Hadithe, die über Eheangelegenheiten sprechen?

Als Voraussetzung für objektive Zeugenschaft sind vorgeschrieben: Volljährigkeit, intellektuelle Reife, Gesundheit, Wahrnehmungsfähigkeit (im Sehen und Hören) während der Zeugenschaft, persönliche Anwesenheit sowie spezielles Wissen und Erfahrung des Zeugen, wenn der Fall dies erfordert. Weitere Voraussetzungen sind, dass die Zeugen vollständig vom Inhalt ihrer Aussage überzeugt sind, dass sie eine genaue, eindeutige und unmissverständliche Aussage treffen und dass gegen sie keine früheren Beschuldigungen vorliegen. Nichts davon ist abhängig vom Geschlecht, weil diese Eigenschaften und Qualifikationen bei Männern wie bei Frauen gleich sind. Mann und Frau sind vor dem Gesetz gleichberechtigt in Bezug auf ihre Rechte und Pflichten, auch bei der Zeugenschaft. Die Zeugenaussage einer Frau und eines

Mannes sind vollkommen gleichwertig und gleichermaßen gültig – so entspricht es der Gerechtigkeit. In der muslimischen Rechtspraxis liegen dazu genügend Beispiele in Form von Vertragsunterschriften und Aussagen vor. Unterschiede treten nur insoweit auf, als sie differenzierten Geschlechterrollen in einer Gesellschaft und Kultur entsprechen.

Wurde die Frau aus der Rippe des Mannes erschaffen?

Gott spricht an mehreren Stellen im Koran von der Erschaffung der Menschheit, dabei jedoch nicht speziell von der Erschaffung des Mannes oder der Frau. Der deutlichste Vers über die Erschaffung der Spezies Mensch ist der erste Vers der Sure 4, Die Frauen. Die Korankommentatoren sind allerdings unterschiedlicher Ansicht über die Bedeutung eines zentralen Begriffs in diesem Vers. Es handelt sich um das Wort *nafs* in *khalakakum min nafsin wahidah*, »der euch (Menschen) aus einer *nafs* erschaffen hat«. Einige Korankommentatoren behaupten, dass mit *nafs* Adam gemeint sei, also der erste Mann. Andere verweisen darauf, dass *nafs* »Atem/Seele/Wesen/Zelle/Substanz« bedeutet. Diejenigen, die den Begriff auf Adam hin auslegen, entnehmen daraus, dass Gott zuerst den Mann, Adam, erschuf und aus ihm dann seine Frau Eva (arab. Hawa). Diejenigen, die *nafs* von der Grundbedeutung des Wortes her verstehen, erklären, dass Gott zuerst eine *nafs* (das Wort ist grammatikalisch feminin) und erst dann daraus Adam und Eva erschuf. Zwei unterschiedliche Übersetzungen in deutscher Sprache verdeutlichen den Unterschied in der Auslegung:

- Die Übersetzung von Nadeem Elyas:
  »*O ihr Menschen, fürchtet euren Herrn, Der euch aus einem einzigen Wesen schuf, und aus ihm schuf Er seine Gattin und ließ aus beiden viele Männer und Frauen sich ausbreiten.*«[27]
- Die Übersetzung von Muhammad Asad:
  »*O Menschheit! Seid euch eures Erhalters bewusst, der euch aus einer einzigen lebenden Wesenheit erschaffen hat und aus ihr Partnerwesen erschuf und aus den beiden eine Vielzahl von Männern und Frauen verbreitete.*«[28]

Nachdem der Text dem Wortlaut nach nicht sagt, dass Menschen aus Adam erschaffen worden seien, sondern aus einer *nafs*, dürften wohl die Interpretationen zutreffen, wonach Mann und Frau aus einem einzigen Wesen oder einer Substanz erschaffen wurden. »Das Wort *nafs* nur einer Person oder einem einzelnen Menschen wie Adam zuzuschreiben, ist nicht korrekt. Vor allem in den Versen 4:1, 6:98, 31:28, 39:6, in denen *nafsun-wahidah*, ›eine einzige *nafs*‹ und eben nicht Adam genannt wird.«[29] Sprachlich kann das Wort *nafs* im Arabischen tatsächlich die Bedeutung »Geist«, »Seele«, »Leben«, aber auch »Wesen«, »Substanz« haben.[30] »Es kann vielleicht auch als ›Art‹ oder ›Gen‹ oder ›Quelle‹ i.S.v. Abstammung interpretiert werden. Das bedeutet, dass es möglich ist zu sagen, dass Mann und Frau *homogen* – als ein einziges Gen erschaffen wurden. Der Literat al-Isfahani (gest. 967) interpretiert den Satz *khalaka minha zawdschaha* wie folgt: *Und Er erschuf seinen Partner aus der gleichen Substanz, aus welcher Er ihn erschuf.*«[31] So legt auch der Koranexeget Fachruddin ar-Razi (gest. 1209) die Stelle aus, wenn er sagt: »Wenn es sicher ist, dass Gott Adam aus Erde erschaffen konnte, dann ist Er auch in der Lage, Eva (Hawa) aus Erde zu schaffen. Wenn das so ist, welchen Sinn hat dann die Behauptung, dass Eva aus Adams Rippe erschaffen wurde?!«[32]

Die Koraninterpretatoren sind also hinsichtlich der Frage nach der Erschaffung der Frau in zwei Gruppen geteilt. Die klassischen Exegeten, arab. *mufessir* genannt,[33] sind mit Ausnahme von ar-Razi der Meinung, dass Eva/die Frau aus einer linken Rippe Adams erschaffen worden sei. Die späteren und zeitgenössischen Interpreten gehen dagegen weitgehend davon aus, dass Gott Eva aus der gleichen Substanz erschuf wie Adam. Obwohl der Koran aussagt, dass Mann und Frau aus *nafsin wahidah*, einer einzigen Substanz, erschaffen wurden, glauben bis heute viele Muslime, die sich an den klassischen Koranexegeten orientieren, dass die Frau aus der Rippe des Mannes erschaffen worden sei. Dabei folgen sie, bewusst oder unbewusst, einer biblischen Darstellung, die der Koran nicht enthält:

> »Da ließ Gott, der Herr, einen tiefen Schlaf auf Adam fallen, sodass er einschlief. Und er nahm eine von seinen Rippen und verschloss ihre Stelle mit Fleisch; und Gott, der Herr, baute die Rippe, die er von dem Menschen genommen hatte, zu einer Frau und brachte sie zum Menschen.« (Genesis 2, 21-22)

Daher überliefern die früheren Korankommentatoren, wie Ibn Abbas (gest. 687), Ibn Mas'ud (gest. 650) und Ibn Kathir (gest. 1323), Gott habe Adam, während er im Paradies unter seiner Einsamkeit litt, einschlafen lassen und ihm eine Rippe aus seiner linken Körperseite entnommen. Aus dieser Rippe hätte Er eine Frau erschaffen und dann die Stelle mit Fleisch aufgefüllt.[34]

Es ist ganz offensichtlich, dass die Vorstellung von der Erschaffung der ersten Frau aus der Rippe Adams auf biblische Quellen zurückgeht.[35] So sieht es auch der Gerichtsschreiber Ibn Ishak (gest. 768): »So wie es uns von den Anhängern der Schrift, den Anhängern der Tora, überliefert wurde.«[36] In diesem Kontext verweist Ibn Kathir auf eine Überlieferung von Ibn Abbas, der daraus eine befremdliche Schlussfolgerung zieht: »Die Frau ist aus dem Mann erschaffen worden. Gemäß ihrer Natur ist sie Verlangen des Mannes, und der Mann ist aus der Erde erschaffen worden, und deshalb ist er Verlangen der Erde. Deswegen haltet eure Frauen unter Verschluss; unter strenger Kontrolle.«[37]

Mehrere Hadith-Überlieferer folgen ebenfalls dieser Linie. So behauptet Abu Huraira, dass der Prophet Gottes gesagt haben solle: »Ich empfehle euch, nett mit euren Frauen umzugehen, weil die Frau aus einer krummen Rippe erschaffen wurde. Wenn du versuchst, sie geradezubiegen, bricht sie, und wenn du versuchst sie geradezubiegen, wird sie krumm bleiben. Deshalb seid nett zu euren Frauen.«[38] Die zeitgenössischen Hadith-Kommentatoren sind der Meinung, dass der Ausdruck »krumme Rippe« hier ein Synonym für die Empfindsamkeit und Emotionalität der Frau ist. Durch ihre körperliche Schwäche und Sensibilität unterscheide sie sich, im positiven Sinne, vom Mann. Diese Überlieferung richtet sich nicht an Frauen, sondern an Männer, denen empfohlen wird, ihre Frauen sanft, liebevoll und sensibel zu behandeln. Sie soll ein Ansporn für Männer sein, ihre Haltung gegenüber ihren Frauen zu hinterfragen. Sie zielt auf ein reflektiertes Verhalten des Mannes gegenüber der Frau ab, das von Liebe und Respekt getragen wird.

In allen drei monotheistischen Religionen ist das Vorurteil vermittelt worden, dass die Frau nicht im gleichen Rang mit dem Mann stünde, weil sie nicht wie der Mann erschaffen worden sei. Adam wurde direkt von Gott geschaffen, sie aber sei minderwertig und niederrangig, weil sie aus der männlichen Rippe erschaffen worden sei. Wenn nun die Irrtümer bereits bei so elementaren Vorstellungen wie die von der Entstehung der Menschheit beginnen, dann müssen sie in der Folge auf die ganze Lebenspraxis der Menschen verhängnisvolle Auswirkungen haben. So konnte – von Männern – eine ganze Reihe von Überlieferungen entwickelt werden, die die Frau unterbewerten und diskriminieren. Überlieferungen, die in der Rhetorik, Wahrnehmung und Lebenspraxis einiger Muslime tief verwurzelt sind. Jene Überlieferungen, die ein negatives Frauenbild vertreten, setzen eine angebliche mentale Schwäche der Frau voraus. (Zu einer detaillierten Analyse dieser und ähnlicher Überlieferungen siehe das Kapitel: Das negative Frauenbild der nachprophetischen Zeit.)

Der Koran widerspricht dieser biblischen Darstellung zur Erschaffung der Frau aus der Rippe des Mannes und korrigiert sie. Auch der erste Vers der Sure 4, Die Frauen, beginnt mit: *Ya ayyuhan-nasu inna khalaqnakum*, »O ihr Menschen, Wir schufen euch ...« und dem Personalpronomen *-kum* als Anrede: »euch«. Auf diese Art und Weise betont der Koran bei der Erschaffung des Menschen die Gleichheit der Geschlechter. Mann und Frau wurden nicht nacheinander und nachrangig, sondern gleichzeitig und gleichrangig geschaffen.

So wie der Koran hier eine untergeordnete Stellung

der Frau, wie man sie aus der Bibel herausgelesen hat, ablehnt, geht er auch mit der Erzählung aus dem Paradies anders um als das Alte Testament (Genesis 3). Nicht Eva hat im Koran zuerst von der verbotenen Frucht gegessen und Adam dann dazu verführt, sondern beide handeln gleich und tragen dafür die gleichen Konsequenzen.

Der Koran betont also unmissverständlich und wiederholt mehrmals, dass Frau und Mann aus einem einzigen, untrennbaren göttlichen Atem, aus einer einzigen lebenden Wesenheit erschaffen wurden:

> »O Menschheit! Seid euch eures Erhalters bewusst, der euch aus einer einzigen lebenden Wesenheit (nafsin wahidah) erschaffen hat und aus ihr Partnerwesen (zawdsch) erschuf und aus den beiden eine Vielzahl von Männern und Frauen (ridschalan wa nisa'an) verbreitete.« (4:1)

Der bosnische Korankommentar Husein Đozo (gest. 1982) sagt: »Offensichtlich ist, dass die Grundelemente des geistigen und physischen Wesens der Frau gleich wie die eines Mannes sind. Da gibt es keinen Unterschied. Der Körper der Frau enthält die gleichen Elemente wie der Körper des Mannes. Die seelischen Elemente sind ebenfalls bei der Frau wie beim Mann gleich. Die Frau besitzt im Grunde das Urteilsvermögen und Empfindungsleben so wie der Mann. Sie sind auf gleiche Art und Weise entstanden und werden weiter so entstehen und sich vermehren. Mann und Frau und ihre Funktionen sind im gleichen Maße für die Erhaltung der Spezies Mensch wichtig. Sie sind in der Tat zwei Teile eines Ganzen.«[39]

Schematisch ließe sich die Erschaffung von Mann und Frau im Koran so darstellen:

nafsin wahidah	zawdsch	ridschalan wa nisa'an
eine einzige Wesenheit	Partnerwesen	Männer und Frauen

Stehen die Männer über den Frauen?

Im 34. Vers der Sure 4, Die Frauen, findet sich das Wort *qawwam*, das nach patriarchalisch-traditioneller Interpretation des Wortes den Mann vor der Frau bevorzugt und ihm die Macht über sie zuspricht. In der deutschen Koranübersetzung von Rudi Paret, die sich an der traditionellen Exegese orientiert, lautet der Vers wie folgt:

»*Die Männer stehen über den Frauen, weil Gott sie (von Natur aus vor diesen) ausgezeichnet hat und wegen der Ausgaben, die sie von ihrem Vermögen (als Morgengabe für die Frauen?) gemacht haben.*« *(4:34)*

Frühere muslimische Gelehrte legitimierten die Autorität der Männer über Frauen meist mit diesem Vers.[40] In späteren Generationen verwiesen Männer gern auf die angeblich »mangelhafte Vernunft« von Frauen.[41] Der erste Korankommentator Ibn Abbas (gest. 687) und viele frühe Kommentatoren deuteten den Begriff *qawwam* im Sinne von Führerschaft, Leitung der Frau, Kompetenz für ihre Erziehung und Anspruch auf ihre Gerichtsbarkeit. Einige leiteten daraus ab: Der Mann soll die Interessen seiner Frau wahrnehmen und ihre Aufgaben außerhalb des Hauses erledigen, hat aber gleichzeitig das Recht, ihr zu verbieten, das Haus ohne seine Erlaubnis zu verlassen.⁴² Abu Bakr ibn 'al-Arabi (gest. 1148) begründet, warum aus dem Begriff *qawwam* eine Überlegenheit des Mannes abzuleiten sei: Der Mann besitzt einen perfekten Geist; der Mann hat vollkommene Religiosität (d.h. er kann zu jeder Zeit beten und fasten, während Frauen das während der Menstruation nicht dürfen); der Mann zahlt die Brautgabe und versorgt die Familie.⁴³ Ibn Kathir (gest. 1373) beschreibt die Funktion des Mannes: Er ist Anführer der Frau, ihr Vorgesetzter, ihr überlegen und ihr Erzieher.⁴⁴ Qadi Baidawi (gest. 1286) argumentiert, der Mann sei erstens überlegen, weil Gott ihn mit Verstand, Stärke und Kraft ausgestattet habe. Deshalb kommen die Prophetie und die Funktion des Imams ausschließlich Männern zu. Dies ergäbe sich aus der Stelle »weil Gott sie (von Natur aus vor diesen) ausgezeichnet hat«. Zweitens stünde ihm die Verantwortung für die Frau zu, weil sich aus der Stelle »wegen der Ausgaben, die sie von ihrem Vermögen gemacht haben« ergäbe, dass er zur Brautgabe bei der Eheschließung und dauerhaft zu den Kosten der Haushaltsführung verpflichtet sei.⁴⁵ Die früheren Korankommentatoren haben ihre Positionen immer wieder mit Hadithen, die dem Propheten zugeschrieben sind, untermauert, um zu betonen, dass die Frau untergeordnet und zu Gehorsamkeit und Dienstbarkeit verpflichtet sei.

Bedeutet aber dieser Vers tatsächlich, dass Männer den Frauen überlegen sind, oder zielt er darauf ab, dass Männer ihre Frauen versorgen und sie schützen sollten? Was immer das Wort *qawwam* genau bedeutet, zunächst stellt sich hier einmal die Frage: Wer bestimmt die Grenzen der Zuständigkeit des Mannes? Geht es dabei um die finanzielle Sicherheit und Versorgung der Frau oder womöglich darüber hinaus auch um eine kategorische Bevorzugung und Überlegenheit des Mannes? Lässt sich aus dem Wort *qauwwam* ein umfassender »Freibrief« für den Mann ableiten zum alleinigen Recht z.B. auf Ehescheidung?

All das und noch mehr haben Männer unter Berufung auf diesen uneindeutigen Begriff für sich selbst beansprucht. Der Koran spricht jedoch an keiner Stelle davon, dass ein Geschlecht dem anderen überlegen sei. Dennoch wurde dieses Wort *qawwam* von Kommentatoren häufig als »Überlegenheit« interpretiert und auch oft so übersetzt. Das ging so weit, dass durch diesen falsch gedeuteten Begriff der Mann zum »Besitzer« seiner Frau und sie zu seiner »Dienerin« gemacht wurde! So beschreibt nämlich Ibn Qaiyim al-Dschauziya (gest. 1350), einer der angesehensten Gelehrten, unangemessen und verzerrt die Lage der Frau in Bezug auf den Mann: »Der Herr (Gott) ist der Unterwerfer Seines Dieners, derjenige, der über ihn urteilt, Er ist sein Besitzer. Ein Ehemann ist ebenso Unterwerfer seiner Frau, ihr Herr, und sein Besitztum ist dem Besitztum im Sinne eines Gefangenen gleich.«[46] Eine derartige Sichtweise und Behandlung der Frau widersprechen diametral dem, was im Koran offenbart wurde. Sie gefährden und verletzen die Menschenwürde der Frau, denn Gott sagt im Koran unmissverständlich, dass Er »den Menschen die Würde verliehen hat« (17:70).

Schauen wir also das Wort *qawwam* aus dem oben zitierten Vers genauer an. Dieser Vers verpflichtet nämlich die Männer, fest »auf den Beinen zu stehen«. Es ist abgeleitet von dem Verb *qiyam*, »stehen«, mit der näheren Qualifizierung eines »würdevollen, aufrechten Stehens«. Der Vers verpflichtet also die

Männer zunächst einmal, »aufrecht zu stehen«, dann aber auch, sensibel, freundlich, respektvoll, fürsorglich und partnerschaftlich mit ihren Frauen umzugehen.[47] Der ägyptisch-amerikanische Gelehrte Fathi Osman (gestorben 2010) übersetzt in diesem Sinne: »Die Männer müssen die Frauen unterstützen, sie unterhalten und volle Sorge für sie tragen.« Er verneint, dass sich aus dem Vers ein männlicher Superioritätsanspruch herleiten lasse.[48] Auch Muhammad Asad übersetzt ähnlich: »Die Männer sollen für die Frauen vollständig Sorge tragen.« Der Prophet und die frühen Muslime in seinem Umfeld setzten die Bedeutung des Wortes *qawwam*, im Sinne von eigener Fürsorglichkeit, Verantwortung und Großzügigkeit gegenüber der Frau in die Lebenspraxis um und nicht im Sinne männlicher Überlegenheit oder Dominanz. In der späteren muslimischen Geschichte wiederholte man jedoch die Dekadenz aus der negativen Tradition der Menschen in der vorislamischen Zeit und knüpfte an die vermeintliche Dominanz des Mannes und der Unterordnung der Frau wieder an – die der Koran beseitigen will.[49]

Im weiteren Wortlaut desselben Verses wird das Verb *faddala* gebraucht: »...weil Gott die einen von ihnen vor den anderen ausgezeichnet (bevorzugt) hat«. Darin wollen manche eine Bestätigung für ihr Verständnis sehen, dass Gott Männer ausdrücklich bevorzugt habe, dass Männer vor Gott wertvoller als Frauen seien, wie z.B. Ibn Kathir behauptet.[50] Das führte zur Schaffung einer vertikalen Beziehung, oben–unten, zwischen Männern und Frauen. Aber das Wort *faddala* im Sinne von »mit Vorzügen ausstatten« gilt sowohl für Männer als auch für Frauen.

»Gott gab jedem Geschlecht einige Fähigkeiten und Eigenschaften, die Er dem anderen nicht gab. Der Mann ist im Vorteil mit dem Samen. Aber was nutzt ihm das, wenn es keine Gebärmutter gibt, die bei der Frau vorhanden ist? Und umgekehrt, was nutzt einer Frau ihre Gebärmutter, wenn es keinen Samen des Mannes gibt? Jede Seite kann das loben, was sie hat. Wozu dann diese Prahlerei? Für welche Apfelhälfte können wir sagen, dass sie wertvoller ist als die andere?«[51] Husein Đozo sagt: »Die Beziehungen in der Ehe zwischen Mann und Frau wurden durch das Prinzip der Reziprozität geregelt. Es besteht schon ein Unterschied – aber nicht in Bezug auf die Frau, wie manche denken, sondern in Bezug auf den Mann. Die Frau hat gleiche Rechte wie der Mann, aber sie hat nicht die gleichen Pflichten. Der Mann hat mehr Verantwortung. Er ist traditionell für die materielle Versorgung der Familie verantwortlich. Die ganze Last, Sorge um die materielle Versorgung der Familienmitglieder, um ihre Erziehung und Bildung liegt auf den Schultern des Mannes. Nur insofern und sonst nicht haben Männer im Islam einen so oft genannten ›Vorzug‹ in Bezug auf Frauen. Es ist natürlich vollkommen klar, dass hier weder von einem echten Vorteil noch von Ungleichheit oder Benachteiligung der Frau die Rede ist. Umgekehrt, hier ist der Mann benachteiligt und in eine schwierigere Lage gestellt, weil ihm größere Verantwortung und Pflichten auferlegt wurden. Er ist nur der Hausherr, der sich um sein Haus und seine Familie kümmern muss. Diesen Status kann und darf der Mann nicht missbrauchen.«[52] Đozo beschreibt hier natürlich eine traditionelle Rollenverteilung zwischen Mann und Frau. Heute sind Ehepartner, zumindest in

Ländern und Kulturen, in denen Bildung und Rechte einen hohen Stellenwert einnehmen, gleichberechtigt als Paar, um gemeinsam in der Partnerschaftsbeziehung ihr Leben zu bestimmen. Eben dies ist letztlich auch das endgültige Ziel des Korans:

»*Der Gerechtigkeit entsprechend sind die Rechte der Ehefrauen (bezüglich ihrer Ehemänner) gleich den Rechten (der Ehemänner) bezüglich ihrer.*« (2:228)

Dieser Vers endet so: »… obwohl Männer (in dieser Hinsicht) ihnen gegenüber einen Vorzug haben«. Muhammad Asad erklärt, wo die Männer bevorzugt sind, folgendermaßen: »Eine geschiedene Frau hat das Recht, die Wiederaufnahme der ehelichen Beziehungen zu verweigern, auch wenn der Ehemann vor Ablauf der Wartezeit seine Bereitschaft ausdrückt, die vorbehaltliche Ehescheidung zu widerrufen; aber weil es der Ehemann ist, der für den Familienunterhalt verantwortlich ist, liegt die erste Möglichkeit, eine vorbehaltliche Ehescheidung zu widerrufen, bei ihm.« Also, es geht nicht um grundsätzlichen Vorteil und Vorzug oder dass sie »eine Stufe über ihnen haben«, wie z.B. Hartmut Bobzin übersetzt.

Gewalt gegen Frauen: »Dann schlagt sie?!«

Das Übel, dass Frauen unter der Brutalität von Männern zu leiden haben, ist vermutlich so alt wie die Menschheit. Auch heute ist Gewalt an Frauen in vielen Ländern, auch bei Nicht-Muslimen, noch immer erschreckend verbreitet. Alle zwei bis drei Tage stirbt in Deutschland eine Frau durch die Hand ihres Partners. Fast 140.000 Menschen wurden im Jahr 2017 von ihrem Partner oder Ex-Partner misshandelt oder bedroht. Vier von fünf Opfern sind Frauen. 147 Frauen wurden getötet. Das sind nur die registrierten Fälle, die aus der kriminalstatistischen Auswertung des Bundeskriminalamts hervorgehen. Die Dunkelziffer dürfte weitaus höher liegen.[53] Und rechtfertigt der Koran die Gewalt gegen Frauen?

Ich wurde einmal von einer deutschen Frau kontaktiert, die in Spanien lebt. Sie bat um einen Gesprächstermin über den Islam. Von Madrid kommend in München gelandet, fuhr sie direkt nach Penzberg zu unserem vereinbarten Gespräch. Einen Tag vor dem Termin meldete sich eine andere Frau, die auf der Suche nach einem Imam war, der ihr Fragen über den Islam beantworten könne. Mit dem Einverständnis beider wurde das Gespräch gemeinsam, zu dritt, geführt. Neugierig erwartete ich viele Fragen der Frauen. Die aus Spanien angereiste Dame hatte nur eine Frage: Sie habe sehr viel über den Islam gelesen und verstanden. Eines aber verstehe sie nicht: die Legitimation von Gewalt gegen Frauen im Koran. Nachdem ich ausführlich erläuterte, was ich auch in diesem Buch darstelle, war die Frau zufrieden. Die zweite Dame hatte daraufhin keine Fragen mehr und erklärte, nachdem sie meine Antwort gehört hätte, wäre ihr erneut klar, wie sehr der Islam Frauen schätzt und schützt. Beide nahmen anschließend, auf eigenen freien Wunsch, den Islam an.

Meine Antwort auf die Frage, ob der Koran tatsächlich Gewalt gegen Frauen billigt, war schon vor diesem Buch mehrmals Gegenstand von Publikationen. Viele meiner Kollegen baten mich darum, meine Positionen schriftlich niederzulegen, und inzwischen sind sie in viele Sprachen übersetzt worden. Ich wiederhole sie hier, angereichert mit einigen zusätzlichen Impulsen.

Mit einer Textstelle, die im Arabischen aus nur einem einzigen Wort besteht, »*wadribuhunne!*«, wird Gewalt gegen Frauen legitimiert, und allein Gott weiß, wie viele Frauen Opfer dieses einen Wortes geworden sind – obwohl es eigentlich eine Lösung bieten will!

Wegen der unterschiedlichen Fähigkeiten und Neigungen, mit denen Gott Mann und Frau ausgestattet hat, können Reibungspunkte zwischen den Partnern entstehen. Ein grober und gefühlloser Mann reagiert darauf mit Gewalt gegen die Frau. Um das zu rechtfertigen, missbrauchen Menschen die religiösen Quellen. Ein solcher Mann möchte glauben, dass es einen Vers im Koran gibt, der seine Gewalt gegen die Frau rechtfertigt: *Wadribuhunne:* »Dann schlagt sie!«. Dieses (im Arabischen) eine Wort ist für einen gewalttätigen Mann Rechtfertigung und Anlass genug, diesen »Befehl« auszuführen. Doch sagt dieses eine Wort im 34. Vers der Sure 4, Die Frauen, wirklich aus, der Mann solle die Frau verprügeln?

Wie kann der barmherzige Gott, der im Vers 21:30, in der Ehebeziehung *mawadda*, Liebe, und *rahma*, Barmherzigkeit, verlangt, hier das Gegenteil befehlen: »Schlagt sie!«? Das würde ja bedeuten, dass Gott als Lösung für Eheprobleme zur Gewalt rät. Doch stünde das im Gegensatz zu Vers 128 derselben Sure (4), in dem Gott von Ehepartnern verlangt, dass sie sich aussöhnen: *was-sulhu-khayr* – »denn friedliche Einigung ist besser!« Wenn aber eine Einigung nicht erreicht werden kann, wird der Weg zur Scheidung geöffnet: »Und wenn die beiden sich trennen, wird Gott jeden aus Seiner Fülle bereichern« (4:130). Der Koran kann nicht vollkommen Gegensätzliches zum selben Thema gebieten. Sollte es möglich sein, dass Gott einerseits fordert: »Und geht mit euren Ehefrauen auf gefällige Weise um!« (4:19) und auf der anderen Seite zu Gewalt im Umgang mit Frauen aufruft? In diesem letzten Vers ist eigentlich von den Schwierigkeiten in der Ehe die Rede, von einem Mangel an Vertrauen, Liebe und Zuneigung zwischen Partnern, und daher fordert der Koran, »in gefälliger Weise« mit den Frauen umzugehen, nichts anderes! »Ihr sollt sie nicht unter Zwang behalten!« wird weiterhin in diesem Vers geraten, also werden ausdrücklich Zwang und Gewalt verneint.

Das kann nur bedeuten, dass das Wort *wadribuhunne* nicht nur eine andere Bedeutung als das Wörtliche »schlagt sie!« haben kann, sondern sogar haben muss. Diese andere Bedeutung wurde in vielen Koranübersetzungen, auch in der Übersetzung ins Deutsche, nicht berücksichtigt, weil das Wort nicht analysiert wurde. Stattdessen versuchen die Korankommentatoren, die Auslegung »schlagt sie!« inhaltlich abzuschwächen. Sie legen es in dem Sinne eines letzten Mittels aus, mit dem die Ordnung in der Familie bei einem heftigen Konflikt wiederhergestellt wird. Der Ehemann soll demzufolge die Strafe symbolisch mit einem Stöckchen in der Größe einer Zahnbürste ausführen, damit die Frau keine Schmerzen empfindet. Was für eine mehr als erbärmliche Auslegung! Das Bemühen, die Gewalt hier irgendwie zu rechtfertigen, anstatt genauer auf den Text zu schauen, hat vielen Frauen unermessliches Leid zugefügt. Welcher Mann hat seine Frau jemals voller Wut mit einer

Zahnbürste geschlagen? Wie aber ist dann dieser Vers zu verstehen?

Zeitgenössische Korankommentatoren und -übersetzer wie Mustafa İslamoğlu, Bayraktar Bayraklı, Mehmet Okuyan, İhsan Eliaçık, Hasan Elik bieten ein stimmiges und angemessenes Verständnis des Wortes *wadribuhunne* im Kontext des 34. und 35. Verses der Sure 4 in folgender Weise: »Trennt euch von ihnen für eine Weile!« Die volle Übersetzung der beiden Verse lautet dann so:

> »Die Männer stehen in Verantwortung für die Frauen wegen dessen, womit Gott die einen von ihnen vor den anderen ausgezeichnet hat, und weil sie von ihrem Besitz (für sie) ausgeben. Darum sind die rechtschaffenen Frauen Gott demütig ergeben und hüten das zu Verbergende, weil Gott (es) hütet. Und diejenigen, deren Widersetzlichkeit/Misshandlung/ seelische Grausamkeit (nuschuz) ihr befürchtet,
>
> 1. redet zuerst mit ihnen; wenn das nicht nützt,
>
> 2. meidet sie im Ehebett, wenn das auch nicht nützt,
>
> 3. dann trennt euch für eine Weile von ihnen (wadribuhunne). Wenn sie sich mit euch versöhnen, dann sucht kein Mittel gegen sie. Gott ist Erhaben und Groß. Und wenn ihr Widerstreit zwischen den beiden befürchtet,
>
> 4. dann setzt einen Schiedsrichter aus seiner Familie und einen Schiedsrichter aus ihrer Familie ein. Wenn sie (beide) eine Aussöhnung wollen, wird Gott sie (beide) in Einklang bringen. Gewiss, Gott ist Allwissend und Allkundig.«[54]

In diesen zwei Versen wird vorgeschlagen, die Ehestreitigkeit zwischen den Ehepartnern in vier Schritten zu lösen. Erstens durch Gespräche und Einvernehmen, zweitens, sollte dies erfolglos bleiben, durch Trennen des Ehebetts beziehungsweise der Zimmer im Haus. Wenn auch dies nichts nützt, wird der nächste Schritt unternommen – *wadribuhunne*. Damit ist ein vorübergehender Rückzug aus der gemeinsamen Wohnung, vom Zusammenleben gemeint, sodass die Ehepartner die Möglichkeit haben, über die Zukunft ihrer Ehe in Ruhe nachzudenken und dann entsprechend zu handeln. In dieser Phase soll der Streit intern gelöst werden. Sollte auch diese Maßnahme nicht greifen, sollen in einem vierten Schritt ältere Personen aus beiden Familien als Schlichter eingesetzt werden, als Versuch einer externen Moderation für die Streitpartner. Falls das auch nicht gelingt, bleibt schließlich die Scheidung als letzte Konsequenz. Auch im Falle der Scheidung bietet der Koran immer noch die Möglichkeit einer Aussöhnung. Das Hauptziel ist also die Versöhnung und die Bewahrung des Familienglücks. Dieser koranische »Lösungsplan in mehreren Phasen« bietet eine optionale Hilfe für alle Ehepaare.

Diese Korankommentatoren übersetzen also das Wort *wadribuhunne* nicht mit »schlagt sie!«, sondern mit »trennt euch von ihnen für eine Weile«. Der Verbstamm *da-ra-ba* hat in der Tat diverse andere Bedeutungen als »schlagen«, nämlich auch »klopfen«, »anstimmen«, »(ver)lassen«, »trennen«, »auseinanderbringen/-nehmen«, »zeigen«, »anstiften«, »machen« usw. Im Koran selbst finden sich Stellen, wo der Stamm *da-ra-ba* im Sinne von »verlassen«, »vorübergehend verlassen«, »aufmachen« verwendet wird. Hiervon ist z.B. auch das arabische Wort für Hungerstreik abgeleitet: *idrabanit-taam* (dem Essen fernbleiben). Das Wort *idrab* und das Wort *wadribuhunne* im Vers kommen vom selben Verbstamm (*d-r-b*). Warum soll dieser einmal »sich des Essens enthalten« bedeuten und ein anderes Mal unbedingt »schlagen«? Die Araber benutzen das Wort *darabe* für den Vorgang, einen Abstand herzustellen, also Menschen voneinander zu entfernen (*darabad-dahru baynana*).[55] Dieselbe Sure 4 enthält im 101. Vers noch einmal ein Wort, das vom selben Verbstamm *da-ra-ba* abgeleitet ist, diesmal in der Bedeutung von »sich für eine Reise von seinem Ort entfernen«. In der Sure 20, Ta-Ha, wird dasselbe Wort in der Bedeutung »bahnen/ öffnen« verwendet: »Und Wir gaben Mose ein: ›Brich auf des Nachts mit meinen Knechten, und bahne (*idrib*) ihnen einen trocknen Weg durch das Meer‹« (20:77).

Der Wortstamm *da-ra-ba* kommt im Koran 53-mal vor. An keiner anderen Stelle, außer in 4:34, wird er mit »schlagen« im Sinne körperlicher Gewaltanwendung übersetzt. Der saudisch-amerikanische Islamwissenschaftler Abdul Hamid Abu Sulayman analysiert den Begriff mit großer Sorgfalt und stellt sowohl zeitgenössische als auch historische Interpretationen in Frage, die keine andere Interpretation zulassen wollen, außer dem vermeintlichen Recht des Ehemannes, seine (aus seiner Sicht) »ungehorsame« Frau mit physischer Gewalt gefügig zu machen. Mithilfe des Prinzips der universellen Ziele der Scharia (*mahasid-usch-schari'ah*) erforscht der Autor die Feinheiten dieses komplexen und heiklen Themas und schlussfolgert, dass die Interpretation des Verbes *da-ra-ba* im Sinne der Verwirklichung konkreter Ziele auszufallen hat, nämlich des Wohlstands, der Würde und der Wertschätzung des menschlichen Wesens.[56] Der Autor zieht als Beweise die unterschiedlichen Verwendungen des erwähnten Verbes in verschiedenen Kontexten im Koran selbst sowie in den Taten des Propheten Muhammed heran. Er kommt zu dem Schluss, dass das Wort bei einem heftigen Ehestreit nur diese Bedeutung hat: »sich entfernen, isolieren, (sich)distanzieren«. Er hebt hervor, dass häusliche Gewalt und männliche Tyrannei weder mit den Botschaften des Korans noch mit dem Verhalten des Propheten Muhammed in Einklang stehen können. Ferner verweist er darauf, dass der Schutz der Familie und der zwischenmenschlichen Beziehungen von entscheidender Bedeutung sind, besonders wenn Kinder davon betroffen sind. Der negative Einfluss jeder Form von Gewalt zwischen den Ehepartnern auf Kinder ist wissenschaftlich umfangreich dokumentiert, sodass – wo dies noch nicht der Fall ist – die Beachtung der Menschenwürde aller Familienmitglieder als ein wahres islamisches Prinzip durchgesetzt werden muss.

Das Zentrum für Islamische Frauenforschung und Frauenförderung in Köln (ZIF) gab eine bemerkenswerte Studie zu diesem Thema heraus: *Ein einziges Wort und seine große Wirkung. Eine hermeneutische Betrachtungsweise zum* Qur'an, *Sure 4 Vers 34, mit Blick auf das Geschlechterverhältnis im Koran.*[57] Die Studie spricht noch einen anderen Aspekt zur Auslegung des Wortes *da-ra-ba* an. Der Vers gehört im islamischen Recht nicht zur Kategorie der sog. *muhkemat*-Ayat, das heißt zu denjenigen Versen, die deutliche und unmissverständliche Aussagen enthalten, sondern zur Kategorie der sogenannten *muteschabihat*-Ayat, also Versen, die unklar und mehrdeutig sind und entsprechend interpretiert werden müssen. Durch eine falsche Interpretation dieses Wortes wird noch ein weiteres wesentliches Prinzip des Islams vernachlässigt, nämlich die Unversehrtheit/Würde (*hurmet*) des menschlichen Körpers. Das islamische Recht bezieht sich häufig auf Rechtsnormen, die die Unversehrtheit des Körpers sowohl der Lebenden als auch der Toten gewähren sollen. Gott hat den Menschen mit Menschenrechten und Menschenwürde geehrt, und der hohe Wert, den das islamische Recht auf die Unversehrtheit seines Körpers legt, ist vor diesem Hintergrund zu verstehen.

Zusammenfassend lässt sich sagen: Die Übersetzer und die Korankommentatoren, die *wadribuhunne* mit »schlagt sie!« übersetzen und auslegen, begehen sowohl im sprachlichen als auch im ethischen Sinn einen verheerenden Fehler. Eine solche Auslegung steht in manifestem Widerspruch zu den göttlichen Hauptprinzipien der »Ruhe, Zuneigung, Liebe, Zärtlichkeit und Barmherzigkeit« (30:21) in der Beziehung.

Eine Überlieferung behauptet, dass der Prophet zwar aus seiner Sicht gegen das Schlagen gewesen wäre, dass er aber eingeräumt habe, Gott selbst habe dies mit dem zitierten fraglichen Koranvers angeordnet: »Ich wollte das eine, aber Gott wollte das andere!« Diese Überlieferung ist in sich widersprüchlich und nicht akzeptabel. Gott und Sein Prophet stimmen vollkommen überein. Kein Mensch kann barmherziger sein als Gott:

> »Gott, der für Sich Selbst das Gesetz der Gnade und Barmherzigkeit gewollt hat.« (6:12 und 54)

> »Meine Gnade übergreift alles.« (7:156)

Mit der Offenbarung des Verses 4:34-35 wollte Gott die in der damaligen Gesellschaft weitverbreitete Gewalt gegen Frauen stoppen und erreichen, dass sich Männer nach einem Streit von ihren Frauen für eine Weile trennen und eben nicht gegen sie gewalttätig werden. Genau darauf deutet auch das Verhalten des Propheten hin, der den Koran am besten verstanden und in seinem Leben umgesetzt hat: »Schlagt niemals eure Frauen!«[58] Mit diesem Verbot hat sich Muhammed unmissverständlich gegen die Gewalt positioniert. »Er hat nie Gewalt ausgeübt, weder gegenüber seinen Frauen noch gegenüber Helferinnen im Haushalt. Er übte auch keine Rache aus«, berichtet seine Frau Aischa (gest. 678).[59] Er hat diejenigen, die gewalttätig gegen ihre Frauen waren, scharf kritisiert. Als Frauen sich beklagten, dass sich ihre Männer hart und gewalttätig ihnen gegenüber verhielten, sprach er das schonungslos an: »Einige Frauen sind zu mir gekommen und haben über die Gewaltausübung zu Hause geklagt. Die Männer, die Gewalt anwenden, sollen wissen, dass sie keine guten Menschen sind.«[60] Aischa berichtet weiter, dass der Prophet gesagt habe: »Schämt sich der Mann nicht, der seine Frau während des Tages schlägt und am Abend mit ihr ins Bett geht? Schämt er sich nicht?!«[61] Der Prophet hat also Fälle von häuslicher Gewalt nicht verschwiegen, sondern öffentlich angesprochen, klar verurteilt und das Thema enttabuisiert. Als er einmal Schwierigkeiten mit seinen Frauen hatte, sprach er mit ihnen darüber, und trennte dann sein Lager für etwa einen Monat von ihrem, dann erfolgte die Versöhnung.[62] Diese Praxis des Propheten bestätigt den Schluss, dass das Wort *wadribuhunne* im besagten Vers »trennt euch für eine Weile« und keinesfalls »schlagt sie« bedeutet.[63]

Gewalt ist abscheulich und kontraproduktiv. Gewalt ist niemals eine Lösung, aber immer eine Sünde!

DER PROPHET – EIN KÄMPFER FÜR FRAUENRECHTE

Ich stimme dem amerikanischen Historiker Pierre Crabitès (gest. 1943) vollkommen zu, wenn er erklärt, dass der Prophet Muhammed »wahrscheinlich der größte Verfechter der Frauenrechte war, den die Welt je gesehen hat«.[1] Wie kein anderer Mensch genießt der Prophet Muhammed eine herausragende Autorität bei Muslimen, sowohl bei Frauen als auch bei Männern. Bei ihm finden die gläubigen Männer und Frauen »ein gutes Beispiel«, so der Koran (33:21). Als Ehepartner war er charmant und liebevoll, ein Gentleman sozusagen, der seine Liebe zu seiner Gattin in der Öffentlichkeit nicht verbarg. Zuhause half er bei der Hausarbeit und in der Küche. Mit aller Härte ging er gegen frauenfeindliches Verhalten in seiner Gesellschaft vor. Er war schließlich von Gott beauftragt, Ungerechtigkeit und Diskriminierung zu beseitigen und auf Gerechtigkeit hinzuwirken. Sein liebevolles Vorgehen und sein Verständnis für die Bedürfnisse und Erwartungen der Frauen bewogen viele Männer dazu, ihr zuvor grobes Verhalten zu überdenken und zu ändern. Immer wieder haben Frauen bei Konflikten mit ihren Männern auf das Beispiel des Propheten verwiesen und somit ihre Männer zum Umdenken veranlasst.[2] Ahmad ibn Abdullah at-Tabari (gest. 1295) verfasste ein umfangreiches Werk über die Frauen des Propheten. Darin beschreiben die Frauen Muhammed als einen Ehemann, der »sanft, romantisch und unkompliziert« mit ihnen umging.[3] In einer Zeit und Gesellschaft, in der Frauen nicht besonders geachtet waren, setzte der Prophet den Befehl Gottes im Koran »Geht mit euren Frauen auf gefällige Weise um!« (4:19) beispielhaft in der eigenen Familie um. Ein enger Freund des Propheten, 'Umar ibn al-Khattab (gest. 644), der spätere zweite Kalif, meinte dazu: »Ich schwöre, wir haben in der vorislamischen *Dschahiliya*-Zeit die Frauen nicht wertgeschätzt, bis der Prophet die Offenbarung erhielt, in der die Frauenrechte angesprochen wurden und wir unser Verhalten ändern sollten.«[4]

Die Offenbarung des Korans hat die Männer gelehrt, die Mutter, Ehefrauen, Töchter, Schwestern und alle Frauen zu achten und zu respektieren. Den Eltern, damit auch der Mutter, räumt der Koran den höchsten Grad an Achtung nach Gott selbst ein:

> *»Dein Erhalter hat verordnet, dass ihr keinen außer Ihm anbeten sollt. Und tue deinen Eltern Gutes. Sollte einer von ihnen oder beide in deiner Fürsorge ein hohes Alter erreichen, sage niemals ›Bah!‹[5] zu ihnen oder schelte sie, sondern sprich immer mit ehrerbietiger Rede zu ihnen und breite demütig die Flügel deiner Zärtlichkeit über sie und sage: ›O mein Erhalter! Erteile ihnen deine Gnade, ebenso wie sie für mich sorgten und mich aufzogen, als ich ein Kind war!‹« (17:23-24)*

In Einklang mit diesem Koranvers rief der Prophet die Menschen auf, ihre Mutter zu achten. Davon berichtet ein Hadith: Ein Mann kam zum Gesandten Gottes und sagte: »O Gesandter Gottes, wer hat am meisten Anspruch auf meine gütige Umgangsweise?« Der Prophet sagte: »Deine Mutter!« Der Mann fragte weiter: »Wer sonst?« Der Prophet sagte: »Deine Mutter!« Der Mann fragte weiter: »Wer sonst?« Der Prophet sagte: »Deine Mutter!« Der Mann fragte weiter: »Wer sonst?« Der Prophet sagte: »Dann dein Vater!«[6]

Diese Überlieferung zeigt, dass einer Mutter die dreifache Achtung im Vergleich zum Vater zukommt. Dieser Anspruch wurde der Mutter wegen der schweren Mühen während der verschiedenen Lebensstadien ihres Kindes, in der Schwangerschaft, bei der Geburt, in der Stillzeit, und für die geteilte Verantwortlichkeit in der Erziehung des Kindes zugesprochen. Sie ist die Königin des Hauses und Hauptakteurin innerhalb der Familienmitglieder. Es ist schwer, einen Muslim auf der Erde zu finden, der diese Aussage des Propheten nicht kennt: »Das Paradies liegt unter den Füßen der Mutter« – also führt für den Mann der Weg ins Paradies über die Frau!

Merkwürdig ist, dass die Achtung vor der Mutter bei muslimischen Männern völlig unbestritten als extrem wichtig gilt, während es mit der Achtung vor der Ehefrau allzu oft ganz anders aussieht. Die Mutter zu ehren, aber die Ehefrau – die Mutter der eigenen Kinder – zu erniedrigen, ist in hohem Maße paradox. Deswegen hat der Prophet Muhammed immer wieder betont, dass die Ehefrau, bzw. die Frau überhaupt, zu achten und zu respektieren ist. Seine bekanntesten Äußerungen zum Verhältnis der gläubigen Männer zu Frauen sind folgende: »Die Frauen haben den gleichen Wert wie die Männer. Nur diejenigen, die würdevoll sind, schätzen die Frauen, und nur diejenigen, die würdelos sind, erniedrigen sie.«[7] »Der vollkommenste Gläubige ist derjenige, der das beste Benehmen/Moral hat, und der beste unter euch ist derjenige, der seine Frau gut behandelt.«[8]

Diesen Äußerungen zufolge ist ein guter Gläubiger, wer gut zu Frauen ist, und wer sie schlecht behandelt, ist ein schlechter Gläubiger – unabhängig davon, wie viel er betet, den Koran rezitiert oder die Moschee besucht.

Der Prophet, der seine Emotionen nie verbarg, sagt öffentlich: »Auf der Erde wurden mir Frauen und wohlriechende Düfte lieb geheißen; und das Gebet wurde zum Licht meiner Augen gemacht.«[9] Der Prophet hat ganz beispielhaft gezeigt, wie man diese Liebe und Zuneigung demonstrieren soll – und das in einer patriarchalen Gesellschaft, in der nur autoritäres und »mannhaftes« Verhalten galt. Seine Ehefrau Aischa berichtet beispielsweise, dass der Prophet mit ihr zusammen in der Moschee ein Spiel einer Gruppe von Gästen aus Äthiopien ansah und beide dabei Wange an Wange lagen. Sie erzählt sogar, dass sie sich beide zum Duschen gegenseitig mit Wasser übergossen.[10] Auf die Frage, was der Prophet eigentlich zu Hause machte, antwortete sie: »Er machte alles, was ein Mann eigentlich zu Hause machen sollte: putzen, waschen, kochen und sich selbst bedienen. Er flickte seine Kleidung, reparierte seine Schuhe und erledigte seine Besorgungen selbst. Er versuchte, niemandem zur Last zu fallen.«[11] Sein Verhalten beschreibt seine Ehefrau Aischa mit folgenden Worten: »Er war sehr humorvoll und lachte. Er besaß den schönsten Charakter, beleidigte nicht, benutzte keine Schimpfworte und wurde nicht laut. Er erwiderte Schlechtes nicht auf gleiche Weise, sondern vergab und verzieh.«[12]

Aischa erzählt auch, wie sie den Propheten einmal auf einer Reise begleitete und er die übrigen Begleiter wegschickte und ihr ein Wettrennen vorschlug. Sie gewann. Einige Jahre später, nachdem sie an Gewicht zugenommen hatte, schlug er ihr wieder einen Wettlauf vor. Sie erklärte, dass sie nun aber nicht mehr so schlank wäre wie früher. Muhammed bestand aber darauf und gewann dieses Mal. »Das ist die Antwort auf jenes Wettrennen«, spaßte er dann.[13] Der Prophet war also ein Mann, der mit seiner Frau eine unbekümmerte Beziehung führte, und er sprach über seine Liebe zu ihr in aller Öffentlichkeit. Über seine Liebe zu seiner verstorbene Gattin Chadidscha (gest. 620), die 15 Jahr älter war als er, über ihren Tod hinaus, berichtete Aischa: »Wann immer ein Schaf geschlachtet wurde, ordnete der Gesandte Gottes an, dass das Fleisch zu den Damen geschickt werden sollte, die mit Chadidscha befreundet gewesen waren. Eines Tages fragte ich ihn, warum er das tat, und er lobte sie und bezeichnete sie als eine ausgezeichnete Frau, die er liebte.«[14]

Eine andere Anekdote behandelt eine schwierige Liebesgeschichte zwischen einem Sklaven namens Mughit und seiner Frau Burayra, auch sie eine Sklavin. Aischa gab dem Besitzer der Frau Geld, um sie freizukaufen. Nachdem sie frei war, entschied sie sich, ihren Mann zu verlassen. Der liebte seine Frau sehr und lief weinend vor Liebeskummer durch die Straßen von Medina. Immer wieder bat er sie, zu ihm zurückzukehren. Doch sie erklärte, sie brauche ihn nicht mehr und liebe ihn nicht. Als der Prophet von Mughits Kummer erfuhr, setzte er sich bei Burayra für ihn ein. Sie wollte wissen: »Schreibst du mir vor, zu ihm zurückzukehren? Muss ich das?« »Nein«, antwortete der Prophet, »ich bitte und vermittle nur.« Darauf blieb sie bei ihrer Weigerung und Muhammed akzeptierte das. Zu seinem Freund Abbas sagte er darüber: »O Abbas, wundert dich Mughits Liebe zu Burayra und ihr Hass zu ihm nicht?«[15]

Dieses Beispiel zeigt, dass Frauen frei waren, Entscheidungen für ihr Leben zu treffen. Der Prophet lehnt Zwang in der Ehe ab: »Es darf keine Ehe geschlossen werden ohne die Zustimmung des Mädchens.«[16] In einem Fall billigte der Prophet die Scheidung für eine Frau, die sich an ihn gewandt hatte, weil sie ihren Mann nicht mochte.[17] Es ist selbstverständlich, dass jedes Mädchen, jede Frau die Freiheit hat, ihren Lebensgefährten selbst zu wählen. Unter keinen Umständen darf sie gegen ihren freien Willen zur Heirat gezwungen werden. Der Prophet Gottes handelte beispiel- und vorbildhaft, zu einer Zeit, als das Schicksal einer jungen Frau von ihrem Vater oder ältesten Bruder vorgegeben wurde. Dies unterstreicht auch folgende Begebenheit: Als eine junge Frau, die von ihrem Vater zur Heirat gezwungen werden sollte, sich beim Propheten beklagte, nahm er sie bei der Hand und ging mit ihr zu ihren Eltern. Er erklärte dem Vater, dass sein Vorgehen für Muslime nicht legitim sei und seine Tochter das Recht habe, sich selbst für oder gegen einen Anwärter zu entscheiden. Darauf wandte sich der Vater an seine Tochter und fragte sie, weshalb sie sich damit an den Propheten gewandt habe. Sie erklärte: »Damit alle erfahren, dass muslimische Frauen ihre Ehemänner selbst wählen können.«[18] Ebenso entschieden trat der Prophet gegen Gewalt in der Ehe auf, wie ausführlich dargestellt wurde.

Seine einzige Tochter Fatima (gest. 632) liebte der Prophet Muhammed sehr und zeigte ihr das auch. Kam sie nach Hause, dann stand er auf, um sie zu küssen. Auch wenn ein Vater alle Kinder gleich behandeln sollte, hätte er eher sie bei der Versorgung bevorzugt als die Söhne: »Behandelt eure Kinder gleich, wenn ihr ihnen etwas gebt. Wenn ich einem Geschlecht Vorrang über dem anderen geben müsste, würde ich dem weiblichen Vorrang einräumen«,[19] sagte er.

Er ermutigte die Frauen, in der Öffentlichkeit Präsenz zu zeigen, und forderte sie auch dazu auf. So verlangte er, dass Frauen an allen Gemeinschaftsgebeten teilnahmen. Das galt selbst dann, wenn die Gebete spät in der Nacht stattfanden. Frauen waren bei allen Freitags- und Festgebeten genauso selbstverständlich dabei wie Männer. In seiner Moschee fand kein Gebet statt, bei dem Frauen ausgeschlossen gewesen wären und nur Männer anwesend waren. Der Prophet vertrat weder die Position einiger Männer, die dagegen waren, dass Frauen in die Moschee gingen, noch schwieg er dazu, sondern erklärte öffentlich: »Ihr dürft eure Frauen nicht daran hindern, in die Moschee zu gehen.«[20] Auch als der für Männer vorgesehene Bereich in der Moschee immer voller wurde, ließ er nicht zu, dass der Frauenbereich für Männer freigegeben wurde. Heute sind in manchen Moscheen die Bereiche durch einen Sichtschutz getrennt, oft existieren sogar separate Räume, was in der Moschee des Propheten nicht der Fall war. Das politisch-gesellschaftliche Engagement von Frauen ist im Koran selbst ausdrücklich erwünscht. Beim sogenannten »Gelübde von Aqaba« legten auch Frauen den Treueeid ab (60:12), was eine durchaus politische Handlung darstellt.

Unter dem Kapitel »Die Achtsamkeit des Propheten Muhammed gegenüber den Frauen« berichtet Imam Bukhari (gest. 870) in seiner Hadtith-Sammlung, wie der Prophet einem seiner Gefährten empfahl, achtsam mit Frauen umzugehen. Er hat die Empfindsamkeit der Frauen mit einen prägnanten Sprichwort bezeichnet:

»*Rifqan bil-qawareer*«.[21] Sie sind wie ein »sauberes und durchsichtiges Gefäß oder Glasflaschen oder wertvoller Kristall« (*qawareer*), und Männer sollen achtsam, romantisch, sensibel und sanftmütig *(rifqan)* mit Frauen umgehen. Man kann eine Glasflasche nicht nehmen und umherwerfen oder gar darauf treten oder sie unachtsam fallen lassen. Ehemänner sollen ihre Ehefrauen, Väter ihre Töchter, Brüder ihre Schwestern, allgemein Männer die Frauen so sorgfältig behandeln, wie wir mit Glasflaschen umgehen.

Weil der Prophet sich für Schwache und Benachteiligte einsetzte und in der damaligen Gesellschaft Frauen ähnlich wie Waise sozial und wirtschaftlich ausgeliefert und abhängig waren, erklärte er sehr entschieden: »Oh Gott! Du weißt, dass ich die Verletzung der Rechte der beiden Schwachen, der Waisen und der Frauen, für schwere Sünde erkläre und dass ich die Menschen vor jeder Verletzung ihrer Rechte streng warne!«[22]

Der Schwiegersohn des Propheten Ali bin Abi Talib (gest. 661) berichtet, welche die letzten Worte des Propheten waren, bevor er in den Armen seiner Ehefrau Aischa starb, sein Vermächtnis an die Weltgemeinschaft: »Ich rate euch, dass ihr euer Gebet verrichtet und euch gegenüber euren Frauen wohl verhaltet.«[23]

Die prophetische Tradition fordert also eine harmonische und gleichgestellte Beziehung zwischen Männern und Frauen ein: Beide unterstützen sich gegenseitig, kommen zusammen, kommunizieren vertrauens- und respektvoll miteinander. Dafür wurden hier nur wenige von zahlreichen Beispielen angeführt, die das ganz unzweideutig belegen. Deutlicher kann all jenen nicht widersprochen werden, die den Islam als frauenfeindlich bezeichnen, aber auch jenen Muslimen, die dem Propheten zu folgen vorgeben, aber ihre Frauen, Töchter, Schwestern unterdrücken. Sie stehen im schlimmstmöglichen Gegensatz zu dem Propheten, den sie zum Beispiel und Vorbild nehmen sollten!

Wie aber konnte, wenn der Prophet selbst so vorbildhaft gegenüber Frauen war, ein frauenfeindlicher Diskurs entstehen und sich ein entsprechendes Verhalten so sehr verbreiten?

Die erste Periode des Islams, zu Lebzeiten des Propheten, war zugleich die fortschrittlichste.[24] Sie war geprägt von den Werten, die zugleich universell und allgemein menschlich sind. Anstatt diesen authentischen islamischen Grundwerten treu zu folgen, vermischten Muslime sie mit ihren hergebrachten Sitten, ihren Stammestraditionen und -kulturen. Hätten sie die mit dem Koran und dem Vorbild des Propheten begonnenen Reformen fortgesetzt, anstatt sie aufzuweichen, zu stagnieren und wieder abzuirren, dann hätten muslimische Frauen schon vor allen anderen volle Gleichberechtigung erfahren und wären darin heute noch vielen anderen Gesellschaften voraus.

Das negative Frauenbild der nachprophetischen Zeit

So wichtig es ist, dass wir sehen und anerkennen, wie der Koran und der Prophet die Lage der Frauen verbesserten, so wenig dürfen wir zulassen, dass mit dieser Einsicht eine andere Realität verdrängt oder verharmlost wird: die Tatsache, dass die Muslime nach dem Tod des Propheten die Reformen des Korans und des Propheten nicht fortsetzten. Der zweite Kalif 'Umar ibn al-Khattab räumt selbst ein, dass Männer, die freundlich zu Frauen waren, solange der Prophet lebte, gleich nach dessen Tod ihr Verhalten änderten.[25]

Wenn alle Korankommentatoren, alle Gelehrten, die Hadithe sammelten und überlieferten, Männer waren, dann ist nicht weiter verwunderlich, dass diese Arbeiten insgesamt nicht auf Frauenrechte hin ausgerichtet sind. Durch die Geschichte räumten muslimische Rechtsgelehrte und Koranexegeten, sicher oft auch unreflektiert, Männern den Vorrang und die Privilegien gegenüber Frauen ein, die ihnen in den traditionell geprägten Kulturen ihrer jeweiligen Völker zustanden.[26] So ist in der Literatur, im Diskurs und im Denken und Tun einiger Muslime Frauenfeindlichkeit bis heute erschreckend präsent, und es wird ungeheuer viel Einsatz, Mut und langwierige Arbeit erforderlich sein, um das muslimische Unterbewusstsein davon zu befreien und die vom Koran und dem Propheten gewollte »Würde für alle Menschen« zu verwirklichen.

Frühere Gelehrte haben sich bei ihren frauenfeindlichen Positionen oft auf Hadith-Überlieferungen bezogen, und leider sind Überlieferungen, die dem Propheten Muhammed zugeschrieben werden, mit negativen Inhalten über die Frau zahlreich. Die Gelehrten aus früheren Jahrhunderten gelten weiterhin als angesehen, ihre Positionen zu kritisieren wird oft als respektlos und als Angriff auf die klassische Gelehrsamkeit gewertet. Jede Wissenschaft aber lebt von Argumenten und kritischen Analysen. Wo für Kritik kein Platz ist, dort ist die Wissenschaft tot. Eine auf Argumenten fundierte Auseinandersetzung ist notwendig, um Fehler auszuräumen. Aussagen, welche die Frauen als sog. *fitna,* also Gefahr, Zwist und schädlich für die

Männer darstellen, wirken im Unterbewusstsein nach und prägen Gedanken und Haltungen von Muslimen bewusst oder unbewusst mit.

In diversen frühen Kulturen galt die Frau als Verursacherin von Unmoral, Zwist, Unglück und Ähnlichem, und dieses Denken griff dann auch in den muslimischen Kulturen um sich. Für solche negativen Eigenschaften verwendet das Arabische den Begriff *fitna*, der Streit, Zwist, Gefahr, Verderben und auch Versuchung bedeuten kann. Wenn im Koran selbst von *fitna* die Rede ist, dann ist das nicht auf erotische Verführung bezogen, sondern auf Versuchungen, die durch Geld, großes Leid und Verfolgung entstehen können,[27] durch Armut, Krankheit, Unglück, durch den Teufel, durch Feinde, Intrigen usw.[28] Die Stigmatisierung der Frau als Ursache von *fitna* und Schaden widerspricht den islamischen Prinzipien kategorisch. Einen guten oder schlechten, nützlichen oder schädlichen Charakter zu haben und Ursache für Zwist und Unordnung zu werden, sind keine Eigenschaften, die an das eine oder andere Geschlecht gebunden wären. Die Mission des Propheten ist gerade auf den Kampf gegen schlechte Charaktereigenschaften aller Menschen ausgerichtet, damit sie sich durch die Praxis des Islams davon befreien. Ein Hauptziel des Prophetentums Muhammeds war die Herausbildung moralischer Tugenden bei den Menschen, unabhängig davon, ob sie Männer oder Frauen sind.[29]

Der kompetente türkische Hadithwissenschaftler Mehmed S. Hatiboglu sagt: Der Islam betrachtete die Frau nicht als Gefahr, die man fürchten und isolieren sollte. Diese kultivierte Haltung gegenüber der Frau wurde durch die Erfindung des gesellschaftlichen ›Virus‹ namens ›*Fitna*‹ zerstört. Dieses ›Virus‹ trug wesentlich zur Rückständigkeit der muslimischen Gesellschaft bei. Die Rückentwicklung der muslimischen Gesellschaft infolge der *Fitna*-Verleumdung gegen Frauen beschrieb am besten Matar bin Tahman, der zur zweiten Generation der Muslime gehörte und Kopist des Korans war, als er sagte: (*Lakad kânan-nisâau maarridschaâli fil madschaâlisi, amme-l-âne feinnel isbaa min asâbii-l-mar'ati fitnatun*).«[30] In Übersetzung: »Damals saßen Männer und Frauen zusammen und unterhielten sich in Beratungen, heutzutage wird aber ein einziger Finger einer Frau als Anlass für *Fitna*/Zwist betrachtet.«

Auch die Aussagen, die den Frauen mangelnden Verstand und mangelnde Religiosität zuschreiben wollen, oder dass sie die Mehrzahl der Höllenbewohner ausmachten, stoßen auf Kritik einiger Hadithwissenschaftler, wie wir sehen werden. Zuerst der Text der Überlieferung:

»Abu Sa'id al-Khudri berichtet: Anlässlich des Opferfestes – oder es kann auch das Fest des Fastenbrechens gewesen sein – begab sich der Gesandte Gottes zum Gebetsplatz. Als er bei den Frauen vorüberkam, blieb er stehen und sagte zu ihnen: ›Ihr Frauen, ich rate euch, Almosen zu geben! Denn ich habe gesehen, dass die Mehrzahl der Höllenbewohner Frauen sind!‹ Die Frauen fragten ihn: ›Wie kommt das, oh Gesandter Gottes?‹ ›Frauen fluchen häufig und sind oft undankbar gegenüber ihren Ehemännern. Auch sah ich nie jemanden mit weniger Verstand und geringerer Religiosität als manche von euch! Und ihr könnt selbst einen einsichtigen Mann betören!‹ Die Frauen fragten: ›Aber warum ist unsere Religiosität und unser Verstand mangelhaft, oh Gesandter Gottes?‹ Er erwiderte: ›Ist es nicht so, dass der Zeugenaussage einer Frau nur das halbe Gewicht derselben eines Mannes zukommt?‹ ›Doch, natürlich!‹ ›Der mangelnde Verstand der Frauen ist der Grund dafür! Und ist es nicht so, dass eine Frau während ihrer Menstruation nicht betet und fastet?‹ ›Doch.‹ ›Das ist die mangelhafte Religiosität.‹«[31]

Es gilt als gesichert, dass dieser Hadith, der von Männern (Abu Sa'id al-Khudri, Abdullah ibn Omar, Abu Hurayra und Dschabir bin Abdullah[32]) überliefert wurde, entstand, als der Prophet nach dem Festgebet die männlichen Gemeindemitglieder verließ, um nur die Frauen in den hinteren Reihen anzusprechen. Damit stellen sich die folgenden Fragen: Wie konnten Männer diese Aussage verbreiten, wenn die Gruppe, die der Prophet ansprach, ausschließlich aus Frauen bestand? Warum wurde der Hadith nicht von den zahlreichen anwesenden Frauen, sondern von den abwesenden Männern überliefert? Das irritiert bereits, sagt Hidayet Tuksal.[33] Wie kann der Überlieferer sich nicht erinnern, ob diese angebliche Predigt des Propheten beim Opferfest oder doch beim Fastenbrechen stattfand, obwohl der Prophet nur einmal das Opferfestgebet erlebt hat? Wie können zwei Predigten stattfinden, eine für Männer und eine für Frauen, obwohl die Predigt bei Festgebeten nur einmal für alle stattfindet? Wie kann der Prophet die Frauen in der Hölle sehen, obwohl weder er noch andere Menschen das Jenseits betreten und gesehen hat?! Außerdem finden sich in der Überliefererkette Männer von problematischem Ruf, wie z.B. Sa'id bin Abi Sa'id Keysan al-Makburi. Über ihn wird gesagt, dass er vier Jahre vor seinem Tod an Demenz erkrankte, was möglicherweise den sogenannten *ikhtilat*, d.h. die »Überlieferung der Unwahrheit« in seinen Aussagen zur Folge haben konnte. Infolgedessen stellte der Hadithgelehrte adh-Dhahabi fest: »Ich glaube nicht, dass irgendjemand (nachdem al-Makburi sein Gedächtnis verloren hat) einen Hadith von ihm angenommen hat.«[34] Der zweite in der Kette der problematischen Überlieferer des besagten Hadith ist Suhayl bin Abi Salih Abu Yazid al-Madani. Er wurde von Hadithwissenschaftlern kritisiert und als schwacher Überlieferer klassifiziert.[35] Der Hadith-Professor Ali Osman Ateş sagt: »Weil es unter den Überlieferern von solchen Hadithen Menschen mit schwachem Gedächtnis gab, die keine Instanz für *ihtidschadsch*, »Argumentation«, sein können, können wir sie nicht als Überlieferer von authentischen Hadithen akzeptieren. Deshalb glauben wir nicht, dass der Prophet zu den Frauen gesagt habe, dass sie *weniger Verstand* besäßen und *die Mehrzahl der Höllenbewohner* seien.«[36]

Die Bemühungen, diese und andere negative Überlieferungen rational auszulegen, werden scheitern. Richtig ist vielmehr, dass Überlieferungen als in sich widersprüchlich und falsch zu verwerfen sind. Wenn wir versuchen, irgendwie solche Aussagen zu rechtfertigen, müssen wir uns dann mit Kommentaren wie diesem der Universitätsprofessorin Irene Schneider auseinandersetzen: »Hier ermahnt Muhammed nicht nur die Frauen, Almosen zu spenden, er äußert gleichermaßen einen Generalverdacht gegen ihr gesamtes Geschlecht, das er in der Hölle schmoren gesehen hatte. Neben konkreten sozialen und familiären Verfehlungen wie zum Beispiel Fluchen und Undankbarkeit wirft er ihnen mangelnden Verstand und ungenügende Religiosität vor. Die Frauen konzentrieren sich denn auch in ihren Nachfragen auf diese beiden letzten Punkte, wobei die Antwort für sie einigermaßen ernüchternd ist. Denn die mangelhafte Religiosität ist auf die zeitweise körperlich bedingte Unreinheit während der Menstruation oder im Kindbett zurückzuführen, gegen die sie machtlos sind. Die intellektuelle Unvollkommenheit begründet Muhammed nicht, sondern er verweist auf den Koranvers 2:282, nach dem die Zeugenaussage einer Frau nur halb so viel wert ist wie die eines Mannes.«[37]

»Mangelnder Verstand« würde bedeuten, dass die intellektuellen Fähigkeiten von Frauen geringer wären als die von Männern, was sowohl wissenschaftlich als auch religiös nicht begründbar ist. Mangelnde Religiosität und mangelnder Verstand sind natürlich bei Menschen aus unterschiedlichen Gründen möglich, aber gewiss nicht aufgrund biologischer Unterschiede zwischen den Geschlechtern. Diese in der islamischen Tradition populäre Überlieferung wird aber so dargestellt, als ob sie sich nur auf Frauen beziehen würde. »Diese Behauptungen stehen im Gegensatz zur Mission des Propheten. Es ist unvorstellbar, dass der Prophet die oben genannten erniedrigenden Äußerungen über Frauen, die mindestens eine Hälfte seiner Umma (Gemeinschaft) bilden, gemacht hätte. Der Prophet hatte ein zärtliches Herz, er war mitfühlend, barmherzig und sehr höflich zu seiner Umma.«[38]

Dutzende von Überlieferungen dokumentieren eine überhebliche, abschätzige und diskriminierende Einstellung von Männern gegen Frauen – aber ganz sicher nicht die Botschaft Gottes oder Seines Propheten! Manche davon sind im Lauf der Zeit durch intellektuelle Überzeugung und moralische Entwicklung der Muslime entkräftet worden. Manche werden aber heute noch verbreitet, wie z.B. auch dieser: »Müsste ich den Menschen die Niederwerfung *(sadschda)* anordnen, hätte ich bestimmt, dass Frauen sich vor ihren Ehemännern niederwerfen sollen.«[39] Diese Überlieferung will den Gehorsam der Frau gegenüber ihrem Mann sogar mit der *sadschda* vergleichen, d.h. mit der »Niederwerfung« oder Proskynese, der Verneigung mit dem ganzen Körper, die im Gebet vor Gott vollzogen wird und die die erhabenste Form der gottesdienstlichen Handlungen und des Ausdrucks der Ehrfurcht gegenüber Gott darstellt: Ein solcher Vergleich, auch wenn es sich nur um eine Metapher handeln soll, ist gefährlich und führt zum Unglauben. Alle diese und ähnliche Überlieferungen sind heute in Hadith-Sammlungen und Lehrbüchern enthalten und damit präsent in Schulen und Fakultäten, Bibliotheken, Moscheen, auf Freitagskanzeln, in Vorlesungen, in Videos im Internet und in sozialen Netzwerken. Ihr Einfluss ist extrem negativ, da sie die humanistische und universelle Botschaft des Korans und des Propheten Gottes verfälschen.

Gelehrte, die den Koran und Hadithe kommentiert haben, haben das muslimische religiöse Bewusstsein stark beeinflusst. Ein Hinterfragen der Aussagen der Gelehrten, auch wenn sie heute absurd klingen, ist aber weiterhin nicht erwünscht. »Wer bist du, um einen hochrangigen Gelehrten, *alim,* zu hinterfragen und zu kritisieren?!«, mit solchen Vorhaltungen wird mundtot gemacht, wer Fragen stellt. Die Meinungen von Gelehrten, die vor Jahrhunderten in einer völlig anderen Welt gelebt haben, als sie heute besteht, werden mit einem unantastbaren Tabu belegt. Nun, es ist die höchste Zeit, von Überlieferungen, Meinungen, Interpretationen und Rechtsprechungen, die Frauen diskriminieren oder verachten, Abschied zu nehmen. Solche Aussagen, die einer anderen Zeit und Kultur angehören, sollten im *Hier* und *Heute* keinen Platz mehr haben; nicht in unseren Gedanken, nicht in unseren Gesprächen, nicht in unseren Vorträgen und Predigten, nicht in unseren Lehrmaterialien, bis sie mit der Zeit völlig verschwinden!

Imame, Religionslehrer, Muftis, Gelehrte, – sie alle, die sich mit den Quellen des Islams in schriftlicher oder in mündlicher Form beschäftigen, müssen offen gegen diejenigen Überlieferungen Position beziehen, die den Frauen a priori negative Eigenschaften unterstellen. Die Gelehrten, Pädagogen und Multiplikatoren müssen sich negativen Überlieferungen widersetzen, die Menschen degradieren, und zwar auch dann, wenn solche Überlieferungen als angeblich »glaubwürdig« bezeichnet werden. Glaubwürdig vom Propheten überliefert ist nur das, was mit dem Geist des Korans übereinstimmt. Die Hadithe des Propheten, bei denen wir unsicher sind, dürfen ausschließlich im Licht und im Geist der koranischen Botschaft bewertet werden. Ein solcher sehr vorsichtiger und kritischer Ansatz gegenüber Hadithen gründet auf der Tatsache, dass der Prophet nichts gesagt haben kann und auch nicht hat, was dem Koran widersprechen würde. Der türkische Korangelehrte Bayraktar Bayrakli sagt: »Der Prophet folgte nur der Offenbarung und wurde beauftragt, diese in die Lebenspraxis umzusetzen und ihren Rahmen nicht zu verlassen.«[40] Der Koran selbst bestätigt das, wenn der Prophet erklärt:

»Ich folge nur dem, was mir (als Offenbarung) eingegeben wird!« (46:9)

Mit dieser Grundhaltung gegenüber Überlieferungen folge ich der Haltung der Ehefrau des Propheten Aischa und der Position von Imam Abu Hanifa (gest. 767), der als *al-imam al-a'adham*, »der größte Gelehrte«, bekannt ist. Aischa lehnte eine Überlieferung entschieden ab, wonach der Prophet angeblich gesagt habe: »Drei Sachen bringen Unheil: Pferd, Frau und Haus.«[41] Dabei gilt dieser Hadith wohlgemerkt als authentisch, weil er sich in den Sammlungen von Bukhari (gest. 870) und Muslim (gest. 875) befindet! Aischa reagierte darauf empört: »Ich schwöre beim Koran, welcher dem Muhammed offenbart wurde: Der Gesandte Gottes hat niemals so etwas von sich aus behauptet. Er hat nur ablehnend erzählt, dass die Menschen vor dem Islam geglaubt haben, diese drei Sachen brächten Unglück!«[42] Diese klare Position Aischas liefert für mich das Kriterium, wonach Behauptungen im Namen des Propheten, die mit dem Koran nicht kompatibel sind, eindeutig abzulehnen sind, egal wer sie überliefert. Die Grundposition von Imam Abu Hanifa stimmt mit der Aischas überein. Er sagt in seinem Grundwerk *al-alim wel-muteallim* (»Der Gelehrte und der Lernende«): »Eine Aussage abzulehnen, die dem Propheten zugeschrieben wird, die aber dem Koran widerspricht, bedeutet nicht, den Propheten abzulehnen. Dieses Zweifeln und Ablehnen betrifft den Überlieferer und nicht den Propheten selbst.«[43]

Umgang mit Überlieferungen

- Überlieferungen, die im Gegensatz zu den koranischen Prinzipien stehen und den universellen Botschaften des Korans widersprechen, sind zu verwerfen. Der Prophet hat nichts ausgesagt, was nicht im Einklang mit dem Koran stehen würde, und er hat weder dem Koran etwas hinzugefügt noch aus ihm etwas zurückgenommen (69:44-47). Die Mission des Propheten bestand darin, das Wort Gottes, das die Quelle seines Wissens ist, zu vermitteln (46:23). Seine moralische Pflicht war es, den Menschen die Offenbarung Gottes zu vermitteln, ohne ihr auch nur im Geringsten zu widersprechen.[44]
- Überlieferungen, die mit dem gesunden Menschenverstand, einem reinen Gewissen und mit der Wissenschaft unvereinbar sind, sind zu verwerfen. Der Islam ist ein Glaube der natürlichen Veranlagung (*fitra*) (30:30) und der Vernunft (*aql*): »Er (Gott) ist, der das abscheuliche Übel jenen auferlegt, die ihren Verstand nicht gebrauchen wollen« (10:100).
- Überlieferungen, die glaubwürdigen Aussagen des Propheten widersprechen, sind zu verwerfen. Es ist nämlich nicht möglich, dass der Prophet Frauen hochachtet, sie gleichzeitig aber herabwürdigen sollte. Deshalb sind alle Überlieferungen über Frauen mit dem folgenden Hadith abzugleichen: »Die Frauen haben den gleichen Wert wie die Männer. Nur diejenigen, die würdevoll sind, schätzen die Frauen, und nur diejenigen, die würdelos sind, erniedrigen sie.«[45] Dies ist eine Aussage, über die mit Recht behauptet werden kann, dass sie vom Propheten stammt. Diese Worte können in der Tat

vom Herzen, von den Gedanken und von der Zunge
jenes Propheten kommen, der als »Barmherzigkeit
für alle Welten« (21:107) gesandt wurde, sowohl für
Frauen als auch für Männer. Diese Aussage des Propheten entspricht seiner Funktion als »vorbildliches
Modell« (33:21), weil er, wie alle Menschen, dazu
aufgerufen war, »auf gütige Weise« zu sprechen
(4:9). Solche Worte passen zu seiner »großartigen
Wesensart« (68:4) und seiner Mission: »Wahrlich,
ich bin nicht gesandt worden, um zu fluchen, ich bin
als Barmherzigkeit gesandt worden«,[46] und seiner
eigenen Weisung, schicklich zu reden und sich auch
so zu verhalten: »Ein Gläubiger flucht nicht, beleidigt nicht, sagt keine hässlichen Worte und ist nicht
unverschämt.«[47] Hätte der Prophet eine Sprache der
Verachtung von Menschen verwendet, wären ihm
die Menschen, Männer wie Frauen, nicht mit so viel
Sympathie und Begeisterung gefolgt, sondern hätten sich von ihm abgewandt. Der Koran bestätigt
die vorbildliche Moral des Propheten und lehnt alles
ab, was im Gegensatz steht zu der Ehrlichkeit und
Barmherzigkeit, die er vorgibt: »Und es war durch
Gottes Gnade, dass du (oh Prophet) sanft mit deinen Anhängern umgegangen bist: denn wenn du
schroff und hartherzig gewesen wärest, hätten sie
sich fürwahr von dir getrennt. Verzeihe ihnen denn
und bete, dass ihnen vergeben werde.« (3:159)

Der Prophet war kultiviert und in zwischenmenschlichen Beziehungen barmherzig und konstruktiv.
»Somit kann die oben genannte Überlieferung, in der
der Prophet Frauen herabgewürdigt hätte, unmöglich
glaubwürdig sein. Dem Propheten dies zuzuschreiben,

kann nicht akzeptiert werden«,[48] so schlussfolgert die Islamwissenschaftlerin Hidayet Şefkatlı Tuksal, die sich wissenschaftlich mit den Hadith-Überlieferungen über Frauen befasst hat.

DIE FRAU IN DER MOSCHEE

Was der Koran und der Prophet über Frauen in der Moschee sagen

Jede Religion hat ihre eigenen Tempel oder heiligen Orte, wo die Menschen ihre Verehrung des Schöpfers der Welt und der Menschen, die Verehrung Gottes, zum Ausdruck bringen. Jeder Tempel ist ein Gotteshaus. Es unterscheidet sich von anderen Häusern dadurch, dass die Häuser der Menschen ihre privaten Orte und nur denjenigen zugänglich sind, die die Erlaubnis des Hausbesitzers haben, während ein Gotteshaus allen Menschen zugänglich ist und ihnen offen steht, unabhängig von ihrem Geschlecht, ihrer Weltanschauung oder ihrem gesellschaftlichen Status. Der Koran ist das einzige Buch Gottes, in dem die Tempel aller Religionen erwähnt werden:

> »Wenn Gott die Leute nicht befähigt hätte, sich gegeneinander zu verteidigen, wären (alle) Klöster und Kirchen und Synagogen und Moscheen – in denen (allen) Gottes Name reichlich lobgepriesen wird – sicherlich (bereits) zerstört worden.« (22:40)

Eine Moschee ist ein Versammlungsort der Muslime (und Nichtmuslime), an dem alle Gläubigen, Männer und Frauen, ausschließlich Gott anbeten (72:18). Gotteshäuser bauen, erhalten und besuchen alle, unabhängig von ihrem Geschlecht:

> »Nur der sollte Gottes Häuser der Anbetung besuchen oder hüten, der an Gott und den Letzten Tag glaubt und

*beständig das Gebet verrichtet und aus Mildtätigkeit
ausgibt und vor keinem außer Gott Ehrfurcht hat.« (9:18)*

*»In den Häusern (der Anbetung), die Gott zu errichten
erlaubt hat, so dass in ihnen Seines Namens gedacht
wird, gibt es (solche,) die Seinen grenzlosen Ruhm
am Morgen und Abend lobpreisen – Leute, die weder
(weltlicher) Handel noch Streben nach Gewinn
ablenken kann von Gedanken Gottes und von der
beständigen Verrichtung des Gebets ...« (24:36-38)*

In den oben zitierten Versen über Moscheen macht Gott keinen Unterschied zwischen Geschlechtern in Bezug auf ihre gottesdienstlichen Handlungen in einem Gotteshaus. Beten, Gottes Gedenken und Ihn Verherrlichen gehören zu den guten Taten, für die die Gläubigen auf Belohnung hoffen dürfen und dies völlig unabhängig von ihrem Geschlecht.

Die Praxis des Propheten war gegen die Isolation der Frau in der Gesellschaft gerichtet. Zu seiner Zeit gingen gläubige Frauen nach draußen. Sowohl Männer als auch Frauen verbreiteten die islamische Lehre durch interaktiven und direkten Dialog. Der öffentliche Raum für ihr Wirken umfasste Straße, Moschee, Marktplatz, Haushalt: überall dort, wo das menschliche Leben pulsierte. Musliminnen der ersten Generation vollzogen die rituelle Waschung vor dem Gebet, errichteten Moscheen, beteiligten sich zusammen mit Männern an Tages-, Freitags-, Toten- und Festgebeten. Frauen und Männer nutzten denselben Eingang in die Moschee, sie führten Trauungen durch und nahmen an allen Ereignissen nicht nur im Gotteshaus, sondern im gesamten gesellschaftlich-kulturellen Leben der muslimischen Gesellschaft aktiv teil.[1] Der in London lebende zeitgenössische islamische Rechtsgelehrte Jasser Auda hat kürzlich die Situation der Frauen in der Moschee des Propheten treffend und eindrücklich dokumentiert.[2]

Auf der anderen Seite gab es aber zur Zeit des Propheten auch bei manchen Männern Eifersucht und Komplexe. Diese Männer wollten ihren Frauen verbieten, am gesellschaftlichen und religiösen Leben in den Moscheen teilzunehmen. Gegen solche negativen Verhaltensweisen in Bezug auf Frauen erhob der Prophet im Sinn der eben zitierten Verse seine Stimme, als er sagte: »Ihr dürft eure Frauen nicht daran hindern, in die Moschee zu gehen.«[3] Diese starke und klare Warnung hinderte manche Gelehrte nach dem Tod des Propheten jedoch nicht daran, Argumente zu erfinden, um Frauen aus der Moschee indirekt zu entfernen und ihnen den Zugang zu verwehren. Solchen Gelehrten gelang es mit Überlieferungen wie »für Frauen ist es besser, das Gebet zu Hause zu verrichten«,[4] Frauen zu überreden, zu Hause zu beten. Sie empfahlen den Frauen nicht nur, zu Hause zu beten, sondern dies auch noch in einem möglichst versteckten Raum zu tun: »Ein Gebet, das von einer Frau dort, wo sie schläft, verrichtet wird, ist mehr wert als ein Gebet an einem anderen Ort in dem Haus.«[5] Wenn eine Frau in die Moschee gehen möchte, »darf sie sich nicht parfümieren«,[6] sie muss wissen, dass sie »zum *aura*-Bereich gehört (automatisch verführerisch auf Männer wirkt) und dass der Teufel ihr entgegenkommt, wenn sie ihr Haus verlässt«.[7] Solche Überlieferungen werden noch immer weltweit von ähnlich schlicht denkenden Muslimen übernommen, mit der Folge, dass die meisten Musliminnen in der Regel weder zum Freitags- noch zum Festgebet, zu diesen für Muslime besonderen Anlässen, in den Moscheen anzutreffen sind. Solche Menschen ignorieren dabei den Koranvers, in dem Männern und Frauen geboten wird, das Gebet *gemeinsam* (in der Moschee) zu verrichten:

> »Und verrichtet beständig das Gebet, und gebt aus Mildtätigkeit, und verbeugt euch im Gebet mit allen, die sich also verbeugen.« (2:43)

Die negativ wirkenden Überlieferungen haben muslimische Frauen demotiviert, in die Moschee zu gehen. Darüber hinaus trugen die Sätze dazu bei, dass muslimische Frauen Bildung und geistige Weiterentwicklung vernachlässigten und in der Folge von den Wissenschaften ausgeschlossen blieben. Durch das gemeinsame Gebet in der Moschee, durch Vorträge, Lesen des Korans, Anhören der Freitagspredigt sowie das Verrichten des Freitagsgebets hätte diese allgegenwärtige Ungleichheit in den männerdominierten Gesellschaften – eine Ungleichheit, die seit Jahrhunderten wie ein Krebsgeschwür in der muslimischen Welt grassiert – zumindest gemildert werden können. Denn die Moschee war ja lange Zeit der einzige Ort nicht nur des religiösen Lebens, sondern auch der Wissenschaft, der sozialen Bildung und Kultur, der Verbreitung neuer Erkenntnisse und Erfahrungen. Die Moschee verlor durch solche abwegigen Traditionen ihre Anziehungskraft für die Frauen. Ihr Ausschluss von der Moschee führte zu einer inneren Distanz, sogar zu einer Angst vor der Moschee als solcher, was zur Schwächung der religiösen Identität bei Frauen beitrug. Noch heute sind in der muslimischen Welt selten Frauen zu sehen, die in Scharen zum Freitags- und Festgebet in die Moscheen strömen, in auffälligem Unterschied zu Synagogen und Kirchen in kleinen und großen Städten, die samstags oder sonntags und bei religiösen Festen von Frauen in großer Zahl besucht werden.

Wenn Muslime wirklich vorankommen wollen, dann müssen sie den Frauen sowohl zu den Moscheen als auch zum gesamten gesellschaftlichen Leben wieder Zugang verschaffen. Gründe für den gesellschaftlichen Zusammenbruch in der muslimischen Welt gibt es viele, dennoch stehen ganz oben auf der Skala die Art und Weise, wie wir unsere Kinder in Bezug auf Frauen erziehen und, damit verbunden, das Unrecht, das den Frauen im Namen des Islam angetan wurde – so fasst es Muhammad al-Ghazali zusammen.[8] Muslime können sich nur dann positiv weiterentwickeln, wenn sie ein System verwirklichen, das der Frau die aktive Teilnahme in der muslimischen Gemeinschaft mit all ihren Institutionen garantiert und sie zu dieser Teilnahme auch ermutigt. Anders als in den muslimisch geprägten Ländern, machen die Frauen in Europa und den USA eine andere, positive Erfahrung. Hier prägen die Frauen ihre Moscheegemeinden, zeigen Gesicht, bringen erfolgreich ihre Erfahrungen und Kompetenz ein. Frauen legen die Glaubensvorschriften kompetent und richtig aus, wenn sie ihre Möglichkeiten, die ihnen der Islam gleichberechtigt neben den Männern einräumt, ausschöpfen.

Kann eine Frau Imamin werden?

Wir sind in den letzten Jahren Zeuge von Entwicklungen z.B. in den USA, Dänemark und Deutschland, wo Frauen mit und ohne theologische Kompetenz

Moscheegemeinden gründen, in denen Frauen und
Männer Schulter an Schulter in einer Reihe beten und
sowohl die Gebete als auch die Freitagspredigten von
Frauen angeführt und gehalten werden. Dass Frauen
und Männer an manchen Orten innerhalb der heiligen Moschee in Mekka Schulter an Schulter beten,
aufgrund der Enge, die dort zu bestimmten Anlässen
herrscht, ist den muslimischen Frauen und Männern,
die die Kaaba besuchen, bekannt. Kein Gelehrter wirft
die Frage auf, ob dieses Gebet richtig oder nichtig ist.
Unter normalen Umständen ist diese Frage allerdings
umstritten. Die meisten Gelehrten, sowohl die früheren als auch die heutigen, sind der Meinung, dass
das Gebet der Männer nichtig ist, wenn eine Frau als
Vorbeterin fungiert. Sie gründen ihre Meinung u.a.
auf eine Überlieferung, wonach der Prophet gesagt
haben soll: »Die Frau kann das Gebet für die Männer
nicht leiten.«[9] Dieser Hadith wird von Hadith-Wissenschaftlern allerdings als sehr schwach (arab. *daif*) eingestuft.[10] Der Gelehrte Al-Qaradawi sagt dazu: »Dieser
Hadith kann nicht als Argument für eine solch wichtige
Frage (ob das Gebet von Gott angenommen wird oder
nicht) gelten. Wenn wir auf die Texte blicken, werden wir keinen direkten und authentischen Text (im
Koran oder in den Hadithen) finden, der den Frauen
das Leiten des Gebets oder das Predigen am Freitag
verbietet.«[11] Es gab unter den klassischen Gelehrten
auch solche, die durchaus die Meinung vertraten, dass
die Frau das Gebet wohl auch für Männer leiten darf.
Bemerkenswerterweise findet sich unter ihnen kein
geringerer als Imam at-Tabari, dem für seinen 30-bändigen Korankommentar *Dschāmiʿ al-bayan ʿan taʾwil āy
al-Qurʾan* (Zusammenfassung der Erläuterungen zur

Interpretation der Koranverse) die Ehrenbezeichnung »imam al-mufessirun«, »Der Führer der Exegeten«, zuerkannt wurde. Seine Zustimmung für weibliche Imame ist zwar von anderen Gelehrten, wie von Ibn Ruschd (gest. 1198), als »*schadh*«[12] »abweichend/regelwidrig« bezeichnet worden (In diesem Zusammenhang irritiert es etwas, dass die »Ibn-Rushd-Goethe-Moschee gGmbH« in Berlin, in der Frauen und Männer zusammen hinter einer weiblichen Imamin beten, sich dem Namen nach auf Ibn Ruschd beruft, der ein solches Gebet als »abweichend« bezeichnet hat.), dennoch wurde er nie von anderen dafür als abtrünnig angegriffen. Die Position von Imam Tabari wurde durch den Hadithgelehrten an-Nawawi (gest. 1277) übermittelt, einem der bedeutendsten klassischen Gelehrten.[13] Ich vermute, dass vielen Imamen und Theologen heute diese Meinung von Imam Tabari unbekannt ist. Unbekannt ist wahrscheinlich auch die Meinung von Imam Ahmad bin Hanbal (gest. 855), dem Gründer einer von vier sunnitischen Rechtsschulen, die vor allem in den Golfstaaten verbreitet ist. Er ist der Auffassung, dass eine Frau, die den Koran besser rezitieren kann als die anderen Betenden, die Nachtgebete im Ramadan, die sog. *Tarawih*, auch für die Männer leiten kann.[14] Sogar Imam Ibn Taymiya (gest. 1323), der als Urvater der sog. Salafisten gilt, sagt: »Einer Frau, die den Koran gut rezitiert, ist es erlaubt, laut der Meinung von Ahmad (bin Hanbal), das Nachtgebet im Ramadan für die nichtwissenden Männer zu leiten.«[15] Die Befürworter gründen ihre Meinung auf diese prophetische Überlieferung: Umm Waraqa, eine Witwe, die den Koran auswendig beherrschte, wurde vom Propheten selbst damit beauftragt, in ihrer Familie die Gebete als Imamin zu leiten. Dabei gehörte zu ihrem Haushalt ein männlicher Sklave, folglich fungierte sie auch vor einem Mann, mit dem sie nicht verwandt war, als Imamin.[16] Wir sehen hier, dass einige frühere Gelehrte bei der Frage »Imamin« flexibler und offener sind als die katholische Lehre bei der Frage nach dem Priesteramt für Frauen.

Die klassischen Gelehrten überliefern in ihren Werken sowohl die Meinung der Mehrheit, wonach das Gebet des Mannes hinter einer Frau nichtig ist, als auch die Gegenmeinung der Minderheit, und zwar beides mit Respekt und in Würde. Genau das ist auch heute notwendig. Theologisch gesehen gibt es weder im Koran noch in authentischen Hadithen Stellen, die die Funktion des Imams den Frauen grundsätzlich absprechen. Ich glaube, dass die Gegner ihre Meinung mehr auf eine gewohnte Tradition aufgebaut haben als auf klare und eindeutige Textquellen, die es nicht gibt. Mit dieser gelebten Tradition sind aber auch Frauen, sowohl gebildete als auch ungebildete, sowohl »konservative« als auch »liberale« vertraut. Tatsache ist, dass die meisten Frauen keinerlei Problem darin sehen, dass Männer die Gebete leiten, und Ausnahmen ändern daran nichts.

Das Gebet setzt vor allem Demut voraus und soll keine Schauveranstaltung sein. Gläubige, sowohl Männer als auch Frauen, wollen während des Gebetes vor Gott stehen – nicht vor Kameras und Journalisten. Gott hat die Betenden ausdrücklich ermahnt:

»Wehe denn jenen Betenden, deren Herzen von ihrem Gebet fern sind – jene, die nur gesehen und gepriesen werden wollen!« (107:4-6)

»Und überdies, ihnen wurde nichts anderes geboten, als dass sie Gott anbeten sollten, aufrichtig in ihrem Glauben an Ihn allein, sich abwendend von allem, was falsch ist; und dass sie beständig das Gebet verrichten sollten!« (98:5)

Was also im Gebet zählt, sind Aufrichtigkeit und kein Zur-Schau-Stellen, sowie Demut und Konzentration (23:2). Wer all das in einer geschlechtergemischten Gebetsgemeinschaft erleben kann, hat zweifellos das Recht dazu. Das rituelle Gebet im Islam ist nicht unbedingt vergleichbar mit dem Gottesdienst in anderen Religionen. Es ist nämlich ein Gemeinschaftsgebet, das in engen Reihen stattfindet und mit vielen körperlichen Bewegungen verbunden ist, die in direkter Nähe sichtbar werden. Außerdem besteht das Gebet in der Moschee aus Pflichtteilen und zusätzlichen, freiwilligen Teilen. Das heißt, dass sich nach und vor dem Gebet im Moscheeraum Menschen hin und her bewegen können. Tatsache ist, dass sich Frauen wohler und konzentrierter fühlen, wenn sie unter sich beten, hinter den Männern oder in separaten Räumen, z.B. erhöht auf einer Galerie. Und genauso ist es auch der Fall für die Männer. Die Geschlechtertrennung während des Gebetes in der Moschee und ebenso die Frage nach der Leitungsposition durch männliche Vorbeter hat mit der Diskriminierung der Frauen jedenfalls nichts zu tun, sondern vielmehr mit Pragmatismus und Realität. Der Wunsch nach weiblichen Imamen ist nicht das, was die meisten muslimischen Frauen einfordern, sondern sie wünschen sich würdige Behandlung in der Moschee – nicht mehr und nicht weniger, als es mit den Frauen in der Moschee des Propheten der Fall war.

Die Ehefrau des Propheten Aischa nahm unter den Frauen der Gemeinde eine herausragende Position ein und leitete für sie die Gebete als Imamin. Tatsächlich liegen viele Beispiele dafür vor, dass die Frauen des Propheten die Funktion von Lehrerinnen und Rechtsgelehrten übernahmen und dass sie von Männern und Frauen gleichermaßen konsultiert wurden. Eine der Frauen des Propheten, Hafsa bint 'Umar (gest. 665), bewahrte in ihrer Obhut eine vollständige und zuverlässige Sammlung von Suren auf, die nach dem Tod des Propheten zur Grundlage für das erste schriftliche Koranexemplar und damit für alle Ausgaben des Korans bis heute wurde.

Wie stimmig ist es, wenn der Koran aus der Hand Hafsas in die Hände aller Frauen und in ihren Mund übergeht! Eine Frau kann den Koran vor den Männern laut rezitieren und andere in Bezug auf ihren Inhalt islamisch gerechtfertigte Rezitationen ausführen. Es gibt keine Grundlage im Koran oder in der Praxis des Propheten für die Behauptung, dass die Frauenstimme zum *aura*-Bereich gehöre und somit das Hören der Frauenstimme den Männern nicht erlaubt sei.[17] Dass in Bosnien oder in bosnischen Moscheen in Europa erwachsene Frauen in der Moschee und in Anwesenheit von Männern den Koran rezitieren oder religiöse Lieder singen, ist längst bekannt. Ob eine Frau in der Moschee eine Predigt halten darf, muss aus der heutigen Zeit heraus beantwortet und begründet werden. Die Verantwortlichen der Moscheen und islamische Theologen sollten in dieser Hinsicht einen Nachdenkprozess in Gang bringen. Sie sollten Initiativen ergreifen, die zum Ziel haben, dass Frauen in den Moscheen gleiche Chancen wie Männer erhalten. Den Frauen soll ermöglicht werden, entsprechend ihren Qualifikationen und

Kompetenzen führende Positionen in der Moscheeleitung zu übernehmen. Wo die weiblichen Hände fehlen, dort werden auch Sauberkeit, Ordnung und Ästhetik fehlen. Das ist leider der Fall in nicht wenigen Moscheen. Wenn wir, die Verantwortlichen der Moscheen, das nicht angehen, dann dürfen wir uns nicht darüber beklagen, wenn entsprechende Initiativen von Akteuren kommen, die mit den Inhalten zu wenig vertraut sind und die Muslime schubladenartig in »schlechte« konservative und »gute« liberale spalten. Je mehr wir Frauen gegenüber aufgeschlossen handeln, desto weniger Spaltung und Spannung wird verursacht. Dieser Prozess der Öffnung gegenüber Frauen muss mit dem Freitagsgebet und mit dem Festgebet beginnen. Der Platz, der den Frauen beim Freitagsgebet vorenthalten wurde, muss ihnen zurückgegeben werden.

Freitags- und Festgebet für Frauen

Nach den vieldiskutierten Bedingungen für das Freitagsgebet (Dschumua) befragt, antwortete Husein Đozo wie folgt: »Veränderungen sind notwendig. Es gibt vieles, was im Laufe der historischen Auf- und Abentwicklungen, Tief- und Hochzeiten, als reine Desinformation in die religiöse Tradition eingebracht wurde. Es gibt auch solche Interpretationen, die zu bestimmten Zeiten eine positive Rolle hatten, die aber bis in unsere Zeit überlebten und jetzt geändert werden müssen. In Zeiten der Dekadenz, als sich Muslime in *Tekken* (Derwischklöstern) und Moscheen zurückzogen, ihre Positionen im Leben verließen und Islam nur auf Rituale und Worte reduzierten, entstanden verschiedene Neuinterpretationen, die damals bestimmt eine gewisse Berechtigung hatten und eine Form der Vermittlung und Erhaltung des Islams bedeuteten. Zu dieser Form der Erhaltung können auch Ergänzungen zum Freitagsgebet zählen. Dennoch sehen wir heute, dass diese Formen ihren Wert verlieren. Sie müssen mit anderen Formen kompensiert werden. Wir befinden uns in einer Phase der Rückkehr ins Leben. In diesem Zusammenhang sind die wissenschaftlichen Erkenntnisse über die Kategorie der religiösen Pflichten (*fard*) viel wichtiger als freiwillige Ritualgebete (*nafila*). Veränderungen sind insbesondere in Bezug auf manche Auslegungen und Erklärungen notwendig. Es ist jedoch sehr wichtig, die richtige Methode und den richtigen Moment für solche Veränderungen zu finden. Vor allem ist zu bedenken, dass jede Veränderung einen bestimmten Prozess darstellt, besonders wenn es darum geht, wie das hier der Fall ist, das Bewusstsein zu ändern.«[18]

Diese Ansicht dieses Visionärs des 20. Jahrhunderts passt zur Debatte über die Teilnahme von Frauen am Freitagsgebet. Das ist eine der Fragen, die nach Đozo Veränderungen erfordern. Die Position, wonach Frauen angeblich kategorisch von der religiösen Pflicht (*fard*) zum Freitagsgebet befreit sind, erfordert eine ernsthafte Analyse. Eine Meinung wurde bei den Muslimen beinahe zu einem Dogma: Freitagsgebet sei für Frauen keine Pflicht, kein *fard*. Die Verpflichtung zum Freitagsgebet geht auf einen eindeutigen koranischen Vers zurück, wurde dann aber durch einen Hadith für Frauen abgeschafft. Kann denn ein Hadith stärker sein als ein Koranvers?

Wir werden zuerst den Koranvers zum Freitagsgebet mit anderen Versen vergleichen und dann den entsprechenden Hadith analysieren.

- Über die Pflicht zum Freitagsgebet sagt Gott:
  »O ihr, die ihr Glauben erlangt habt! Wenn am Tag der Gemeindeversammlung der Ruf zum Gebet ertönt, eilt zum Gedanken Gottes und lass allen weltlichen Handel: dies ist zu eurem eigenen Wohl, wenn ihr es nur wüsstet.« (62:9)
- Über die Pflicht zur Verrichtung der anderen Gebete sagt Gott:
  »O ihr, die ihr Glauben erlangt habt! Verbeugt euch und werft nieder und betet euren Erhalter an und tut Gutes!« (22:77)
- Über die Pflicht zum Fasten im Ramadan sagt Gott:
  »O ihr, die ihr Glauben erlangt habt! Das Fasten ist für euch verordnet, wie es für jene vor euch verordnet war, auf dass ihr euch Gottes bewusst bleiben möget!« (2:183)

Wie aus diesen drei Beispielen zu sehen ist, sind die Verse an alle Gläubige, ohne Unterschied der Geschlechter, adressiert: »O ihr, die ihr Glauben erlangt habt!« Warum wird dann der Freitagsgebet-Vers so verstanden, als ob er nur Männer ansprechen würde? Die anderen Verse, wie zum Beispiel der Vers über die Fastenpflicht, sprechen ebenso Frauen wie Männer an und werden auch so verstanden und praktiziert. Ist das Freitagsgebet eine Angelegenheit »aller Gläubigen«, wie es im Koran steht, oder ist es »eine Sache der Männer!« (*al-dschumuatu min scha'nir-ridschali*),[19] wie es ein verstorbener Mufti von Saudi Arabien, Ibn Baz, definierte?

Der Ausschluss der Frauen von diesem koranischen Gebot basiert auf einer Überlieferung von Tariq bin Schihab, derzufolge der Prophet sagte: »Das Freitagsgebet ist eine Pflicht für jeden Muslim außer für: Gefangene, Frauen, minderjährige Kinder und Kranke.«[20] In einer anderen Überlieferung wird noch der Reisende einbezogen. Tariq bin Schihab war laut einigen Historikern einer der Gefährten des Propheten, also jemand, der ihn selbst erlebt hat. Andere Historiker sagen, dass er den Propheten zwar gesehen, aber nicht von ihm direkt überliefert hat, weil er offenbar noch ein kleines Kind war, oder dass er den Prophet nicht selbst gehört hat. Deswegen stuft ihn der Historiker adh-Dhabai (gest. 1348) in die Kategorie »*Tabiin*« ein, also in die Generation nach dem Propheten.[21] Wir haben es hier also mit einem Hadith zu tun, der nicht auf eine Person zurückgeführt werden kann, die das Überlieferte vom Propheten selbst gehört hat. Diejenigen, von denen die meisten Hadithe des Propheten überliefert wurden, wie Aischa, Abu Hurayra oder andere Gefährten des Propheten, haben dagegen keinen einzigen Hadith überliefert, in dem der Prophet Frauen vom Freitagsgebet ausschließen würde. In allen Überlieferungen, die das Freitagsgebet zur Zeit des Propheten behandeln, wird deutlich, dass Frauen am Freitagsgebet teilnahmen. Im 11. Vers der Sure 62, Der Freitag, steht:

> »*Doch (es kommt vor, dass) wenn Leute (einer Gelegenheit) weltlichen Gewinns oder eines vergänglichen Vergnügens gewahr werden, sie überstürzt dorthin eilen und dich stehen (und predigen) lassen. Sag: ›Das, was bei Gott ist, ist besser als alles vergängliche Vergnügen und aller Gewinn! Und Gott ist der Beste der Versorger!‹*«

Dieser Vers bezieht sich auf einen Vorfall, als einige Gefährten den Propheten während seiner Predigt verließen und hinter den Händlern einer während des Gebets vorbeiziehenden Karawane herrannten. In einer Überlieferung von Ibn Abbas steht, dass an jenem Freitag 17 Männer und 7 Frauen in der Moschee blieben, während die anderen der Karawane nachliefen.[22]

Die genannten Gebote beziehen sich auf alle Gläubigen. Dennoch sieht die oben zitierte Überlieferung berechtigte Ausnahmen vor wie Reisen, Krankheit, Schwangerschaft, Minderjährigkeit, Gefangenschaft, und alle Ausnahmesituationen, die Gläubige betreffen können. Wenn wir den überlieferten Hadith analysieren, der über diese Ausnahmen in Bezug auf die Verpflichtung zum Freitagsgebet spricht, sehen wir, dass jede Ausnahme begründet wird:

- Der Grund für einen Gefangenen ist seine Gefangenschaft, aber wenn er frei wird, gilt für ihn das Freitagsgebet als Pflicht.
- Der Grund für ein minderjähriges Kindes ist seine Kindheit, aber wenn es volljährig ist, ist es auch zum Freitagsgebet verpflichtet.
- Der Grund für einen Kranken sind eine schwere Krankheit und das Leiden, aber wenn er gesund wird, wird ihm Freitagsgebet zur Pflicht.
- Der Grund für einen Reisenden ist die Anstrengung der Reise, aber wenn er nach Hause zurückkehrt, muss er das Freitagsgebet verrichten.
- Aber was sollte der Grund für eine Frau sein?

In allen Fällen, die das Auslassen des Freitagsgebetes rechtfertigen, muss ein Grund dafür erkennbar sein. Lässt sich kein Grund erschließen, dann müssen wir davon ausgehen, dass hier Diskriminierung oder ungleiche Behandlung der Menschen hinsichtlich ihrer Rechte und Pflichten an ihrem Glauben vorliegt. Das aber kann Gott nicht festgelegt haben. Deshalb kann der oben erwähnte Hadith nicht auf einen grundsätzlichen Ausschluss der Frau von der Freitagsgebetspflicht abzielen, sondern auf eine optionale Befreiung davon in bestimmten Ausnahmesituationen. Eine einzige Überlieferung, die außerdem zweifelhaft sein kann, kann nicht einen Vers im Koran in Frage stellen. Frau zu sein kann also nicht als Grund gelten, am Freitagsgebet nicht teilzunehmen. Das kann nur eine Ausnahmesituation, in der sich die Frau gerade befindet.

Dementsprechend können natürlich berechtigte Gründe speziell für Frauen vorliegen, die zeitweise ein Fernbleiben vom Freitagsgebet rechtfertigen: etwa belastende Auswirkungen der Menstruation, die Fürsorge für ein zu stillendes oder anderweitig zu betreuendes Kind usw. Das Freitagsgebet ist also für Frauen dann keine Pflicht, wenn sie sich in einem *Ausnahmezustand* befinden. Der grundsätzliche Ausschluss der Frauen von diesem weiterbildenden, religiösen und gesellschaftlichen Ereignis hat keine wahre religiöse Begründung, noch beruht er auf einer zuverlässigen Quelle. Es ist deshalb misslich, dass Frauen eher davon abgeraten wird, zu den Gemeinschaftsgebeten (unabhängig an welchem Tag) in die Moschee zu gehen, zumal diese ja auch soziale und erzieherische Funktionen erfüllt. Der frühesten islamischen Tradition entspricht dies nicht. Wie hätte sonst eine Frau den 2. Kalifen 'Umar während einer Freitagspredigt zum Thema Brautgeld (*mahr*) auf der Stelle unterbrechen und seine Koran-Auslegung korrigieren können?[23] Stellen Sie sich diese Situation bildlich vor: Der Kalif hält die Freitagspredigt über ein Thema, das Frauen betrifft, macht dabei unbedacht einen Fehler, und eine anwesende Frau erhebt ihre Stimme und korrigiert den Kalifen! So war die Interaktion zwischen weiblichen und männlichen Gläubigen in den ersten Generationen der Muslime, weil die Frauen das Freitagsgebet genauso ernst genommen haben wie die Männer.

Die Verrichtung des Freitagsgebets ist nach dem Koran für die Gläubigen eine wichtige Pflicht (*fard*). Muslime müssen die Voraussetzungen schaffen, damit alle Gläubigen an diesem regelmäßigen spirituellen und didaktischen Ereignis teilnehmen können. Die Gebetsräume für Frauen in den Moscheen dürfen nicht von Männern besetzt werden. Die Begründung, dass es in manchen Moscheen nicht genügend Platz für Männer und für Frauen gäbe, trifft zwar häufig zu, aber das rechtfertigt nicht, dass Männer Raum beanspruchen, der den Frauen zusteht. Dies stellt eine moralische Attacke auf das Recht der Frauen und ihre Räume dar. Wie es zu Zeiten des Propheten üblich war, sollen Frauen und Männer, jeder an seinem Platz, am Freitagsgebet teilnehmen. So gebietet es der Koran, und so war auch die Praxis des Propheten. Alles, was zu diesem Gebot und dieser Praxis in Widerspruch steht, ist ein Produkt des Menschen, also das Gegenteil von Offenbarung. Wenn der Männerraum voll ist, müssen die Männer für sich eine Lösung finden, aber nicht zu Lasten der Frauen. Die Teilnahme aller Familienmitglieder am Freitagsgebet wie auch an den Festgebeten ist enorm wichtig für die Bewahrung der islamischen Identität aller Muslime, besonders im Westen. Die Freitagspredigt ist das Sprachrohr der Muslime und ein wichtiges Mittel für die Vermittlung der Botschaft, auch an Nicht-Muslime. Daher sollte die Moschee jeden Tag, vor allem am Freitag und an Festtagen, für alle Menschen, die teilnehmen möchten – Männer, Frauen, Kinder, Muslime und Nicht-Muslime – zugänglich sein.

Neben dem Freitagsgebet spielen für Muslime auch die Festgebete an den beiden höchsten Feiertagen – am Ramadanfest und am Opferfest – eine besonders wichtige Rolle. Die Festgebete sind zweimal im Jahr herausragende gesellschaftliche und religiöse Manifestationen. Alle Muslime, Kinder, Jugendliche, erwachsene Männer und Frauen, sollen an diesen Bekundungen teilnehmen, weil dabei Gott lobgepriesen und für Seinen Segen gedankt wird. Es ist nicht zu verstehen, dass während des ganzen Monats Ramadan gläubige Frauen an den nächtlichen *Tarawih*-Gebeten in den Moscheen teilnehmen, sie aber dann, wenn sie sich am Festtag über ihr Fasten und ihre Belohnung dafür freuen sollen, nicht dazugehören! Das wäre etwa so, als würde man einem Arbeiter, der den ganzen Monat für sein Gehalt gearbeitet hat, dieses dann vorenthalten. Was für ein Paradox unter den Muslimen: Beim Festgebet gibt es keine Frauen, die den ganzen Monat in den Moscheen aktiv waren, aber manche Männer, die den ganzen Monat nicht in den Moscheen waren, sind dabei. Die Praxis des Propheten und der ersten Generation war vollkommen anders als die der heutigen Muslime – alle Männer und Frauen (selbst während der Menstruation) nahmen an den Festgebeten teil.

Die Teilnahme der Frauen – seien sie verheiratet oder nicht, alt oder jung, während ihrer Menstruation oder nicht – und der Kinder am Gebet auf einem offenen Gebetsplatz, *Musalla*, wurde durch einen von

Ummu Attiyya, einer Frau, überlieferten Hadith dokumentiert: »Es wurde den nicht verheirateten Frauen und denen, die ihre Menstruation hatten, befohlen, am Festgebet teilzunehmen, damit sie auch beim Bittgebet anwesend sind. Diejenigen Frauen, die ihre Periode hatten, sollten sich an einem separaten Ort der *Musalla* versammeln.«[24] Von Ibn Abbas wurde überliefert, dass der Prophet seine Frauen und Töchter immer zum Festgebet mitbrachte.[25] So sah es in der Sunna, in der Praxis, in der Tradition des Propheten aus. Davon ist heute in vielen muslimischen Gesellschaften nur die Theorie geblieben, obwohl wir gerne behaupten, dass wir der Sunna des Propheten folgen.

Heute treffen wir in den Moscheen einen weitgehend marginalisierten weiblichen Gemeindeteil an, was ein vollständig gegensätzliches Bild zu dem liefert, was der Prophet Muhammed eigentlich verwirklichen wollte. Zu den Ausnahmen, von denen in Deutschland gewiss mehrere bestehen, gehört die Moschee in Penzberg. In der Moscheeverwaltung wirken Frauen und Männer mit. Frauen nehmen regelmäßig am Freitags- und am Festgebet teil. In der Moschee kann jede Frau genauso wie jeder Mann das Wort ergreifen. Der Frauenbereich wird während des Freitags- oder Festgebets auch dann nicht den Männern überlassen, wenn der Männerbereich überfüllt ist.

Die menstruierende Frau und das Fasten

Die Monatsregel der Frau wird im Koran als »verletzlicher/unangenehmer/belastender Zustand« (arabisch *adha*) im physischen Sinne bezeichnet. Die Frau, die

sich in diesem Zustand befindet, wird aber nicht als
»unrein« (arabisch *nadschasat*) bezeichnet. Damit positioniert sich der Koran anders als die Tora, in der die Menstruation als Zustand der Unreinheit (hebräisch *tum'ah*) betrachtet wird (Leviticus 15,19-31). Der Koranvers zur Menstruation wurde offenbart, als Juden mit Muslimen in Medina zusammenlebten. Der konkrete Anlass war eine Debatte in der Stadtgesellschaft über die jüdische Position. Ein Gefährte des Propheten wandte sich dazu an ihn mit der Frage, wie der Islam dazu stehe. Daraufhin wurde dieser Vers offenbart:

> »*Und sie werden dich fragen nach der monatlichen Periode (der Frauen). Sag:* ›*Es ist ein verletzlicher Zustand. Haltet euch darum fern von Frauen während ihrer monatlichen Perioden, und nähert euch ihnen nicht, bis sie gereinigt sind, und wenn sie gereinigt sind, geht ein zu ihnen, wie Gott es euch zu tun geboten hat. Wahrlich, Gott liebt jene, die sich in Reue zu Ihm wenden, und er liebt jene, die sich rein halten.*‹« (2: 222)

Die Menstruation wird hier zum einen als ein natürlicher Zustand gesehen und somit die Vorstellung von »unrein«, im Sinne von »verwerflich« oder »verächtlich«, zurückgewiesen. Zum anderen hebt der Koran nur das Verbot von Geschlechtsverkehr während der Menstruation hervor. Das hat der Prophet mit eigenen Worten bestätigt: »Es gibt kein Verbot, außer für Geschlechtsverkehr.«[26] Dieses Verbot ist auch im Judentum vorgesehen. Dabei geht es darum, die Frau während dieses für sie belastenden Zustands zu schützen. Lange bevor der Begriff Emanzipation im westlichen Sprachgebrauch aufkam, gab es also im Judentum und im Islam, dank dieser Familienreinheitsvorschriften (im Hebräischen und Arabischen gibt es dafür das gleiche Wort: *taharat*) die Aufforderung, Frauen nicht als Objekt der Willkür des Mannes auszuliefern. Der Koran verbietet der menstruierenden Frau weder das Gebet, noch das Fasten, noch das Pilgern, noch den Koran zu rezitieren oder gar ihn anzufassen, noch das Betreten von Moscheen. Der Prophet gestattete seiner Frau Aischa, die Kaaba zu betreten, nachdem sie ihn fragte, ob ihr das während ihrer Tage erlaubt sei.[27] Der Prophet forderte Frauen ausdrücklich auf, auch während der Menstruation am Festgebet teilzunehmen. Der Koran legt fest, dass das Fasten im Ramadan durch Essen, durch Trinken und durch Geschlechtsverkehr gebrochen wird:

> »Dies sind die von Gott gesetzten Grenzen: verstoß denn nicht gegen sie – (denn) also macht Gott seine Botschaften der Menschheit klar, auf dass sie sich Seiner bewusst bleiben mögen.« (2:187)

Wäre die Menstruation mit dem Fasten unvereinbar, dann wäre dies hier genannt. Wenn aber eine Frau ihre Tage als belastend schmerzhaft empfindet, dann ist sie von der Fastenpflicht befreit. Nicht die Menstruation selbst ist aber hier der maßgebliche Faktor, sondern der Schmerz. Schmerzen und Krankheit, sowie körperliche Schwäche sind ganz grundsätzlich ein erlaubter Grund, das Fasten zu unterbrechen. Dabei steht der betroffenen Person die Möglichkeit zu, nach dem Ramadan und nach der Genesung die versäumten Fasttage nachzuholen. Beide Optionen – Fasten trotz der Schmerzen oder das Aufschieben des Fastens – gesteht der Koran den Betroffenen zu (2:184-185).

BEDECKUNG ALS ETHISCHE UND ÄSTHETISCHE PFLICHT

Die innerliche Bedeckung

Eine der Pflichten, die Gott den Menschen auferlegt hat, damit sie sich von Tieren unterscheiden, ist die Bedeckung des Körpers, besonders in Anwesenheit des anderen Geschlechts. Vom ersten Menschenpaar verlangte Gott, dass es sich kleidete. Die Kleidung macht einen Menschen erkennbar, sie bestimmt sein äußeres Erscheinungsbild. Gott spricht über die Bedeckung des Körpers mehrfach in der Sure 7, Die Höhen:

> »O Kinder Adams! (Frauen und Männer) Fürwahr, Wir haben euch von droben (das Wissen der Herstellung der) Gewänder erteilt, um eure Blöße zu bedecken, und als eine Sache der Schönheit: aber das Gewand des Gottesbewusstseins (taqwa) ist am allerbesten. Hierin liegt eine Botschaft von Gott, auf dass der Mensch sie sich zu Herzen nehmen möge.« (7:26)

Das bedeutet, dass Körperbedeckung in der Öffentlichkeit natürlich auch vom Mann erwartet wird, nicht etwa nur von der Frau. Von beiden Geschlechtern wird die Bedeckung des Körpers nicht nur deshalb verlangt, weil Nacktheit sexuelle Erregung hervorruft, sondern weil sie der menschlichen Natur entspricht. Ein Mensch verschönert sein Erscheinungsbild, wenn er entsprechende Kleidung trägt, sie schmückt ihn. Des Weiteren heißt es dann, dass das, was einen Menschen tatsächlich schmückt, sein Charakter ist, die Gottesfurcht, die Moral, der Anstand und das Bewusstsein (*taqwa*). *Taqwa* bedeutet moralisches Gewissen und darin kommt das wahre Erscheinungsbild des Menschen zum Ausdruck. »*Taqwa* ist das Equilibrium, das die Menschen in ihrer Beziehung zu Gott, der sie zur Verantwortlichkeit zueinander auffordert, versuchen zu erreichen. Es ist der Maßstab – die aktive Norm – wonach Gott im Koran zwischen einzelnen Menschen unterscheidet. Es ist Verantwortung.«[1] *Taqwa* ist das Maß der Frömmigkeit, einer erhabenen und aufrichtigen Beziehung zu Gott. *Taqwa* ist der Schutz vor allen Dingen, die eine Gefahr für die Seele, den Verstand und den Körper des Menschen darstellen. Wer sich mit *taqwa* schmückt, trägt die schönste Kleidung und wird in bester Weise als bedeckt betrachtet. Der Ort der *taqwa* ist daher nicht der Körper, der mit Kleidung aus Stoff bedeckt wird, sondern das Herz, das der Mensch mit guten Absichten und nützlichen Taten schmückt. Der Prophet wies mit der Hand auf sein Herz und sagte: »Taqwa ist hier, im Herzen.«[2] *Taqwa* wird meistens mit »Gottesfurcht« übersetzt, aber seine Bedeutung ist viel umfassender und schließt auch die »aktive Norm« der menschlichen Beziehung zu Gott ein, die als Maß zur Bewertung eines Menschen gilt. Nach dieser Deutung umfasst *taqwa* nicht nur Gottesfurcht, sondern auch Hingabe an Gott, die vom Menschen Achtsamkeit und Schicklichkeit verlangt. Muhammad Asad übersetzt das Wort *taqwa* mit »Bewusstsein«, welches der größte Schmuck des Menschen sei: Die Entwicklung des Selbstbewusstseins durch die Erinnerung daran, dass der Wert eines Menschen nichts mit seinem Äußeren zu tun hat, sondern auf seinen guten Taten beruht.³ Männer ebenso wie Frauen sind verpflichtet, dem moralischen Gewissen (*taqwa*) zu folgen, indem sie ihre Leidenschaften und Instinkte unter Kontrolle halten. Von dieser Basis aus ist die koranische Pflicht zu schicklicher Bekleidung folgerichtig.

Die äußerliche Bedeckung

Gott erkennt und nimmt den Menschen als ein menschliches Wesen wahr, d.h. als eine Kombination von Materiellem und Geistigem, und weist auf die physische und psychische Integrität hin, die zur Erfüllung der menschlichen Mission notwendig ist. Gerade darauf beziehen sich die Empfehlungen zum Verhalten zwischen Männern und Frauen. Sowohl Männern als auch Frauen wird empfohlen, ihre Blicke [zu] senken und ihre Scham [zu] hüten. Der Koran beschreibt die sexuelle Begierde als einen Teil der göttlichen Schöpfung des Menschen, als etwas, was sowohl Männern als auch Frauen gegeben wurde. Deshalb wird den Gläubigen – in erster Linie den Männern – die Anweisung gegeben: »Sag den gläubigen Männern, dass sie ihren Blick senken und auf ihre Keuschheit achten sollen: dies wird für ihre Reinheit am förderlichsten sein« (24:30-31), und im folgenden Vers den Frauen: »Und sag den gläubigen Frauen, ihren Blick zu senken und auf ihre Keuschheit zu achten ...«, was bedeutet, dass sowohl Männer als auch Frauen durch Blicke erregt werden können.⁴ Sexualität aber ist eine Urgewalt, die der Ehe vorbehalten ist und geschützt werden soll. Dazu spricht Gott zusätzlich die Frauen an:

> »... und nicht ihre Reize (in der Öffentlichkeit) über das hinaus zu zeigen, was davon (schicklicherweise) sichtbar sein mag; darum sollen sie ihre Kopfbedeckungen über ihre Busen ziehen.« (24:31)

Gott spricht ausdrücklich Frauen an, wenn Er sagt:

> »O Prophet! Sage deinen Ehefrauen und deinen Töchtern wie auch allen (anderen) gläubigen Frauen, dass sie (in der Öffentlichkeit) etwas von ihren äußeren Gewändern (dschilbab) über sich ziehen sollen: dies wird eher förderlich sein, dass sie (als anständige Frauen) erkannt und nicht belästigt werden.« (33:59)

Dieser Vers geht offensichtlich von einer Gesellschaft aus, in der Frauen bei ihren öffentlichen Aktivitäten möglicherweise belästigt werden konnten, und deshalb wird ihnen empfohlen, ihre Reize nicht offen zu zeigen und von ihrem Überwurf über sich herunterzuziehen. Die klassischen Kommentatoren sind sich alle einig, dass der Anlass der Offenbarung dieses Verses folgender Kontext war: Sklavinnen, die in Medina nachts außer Haus unterwegs waren, wurden von manchen Männern belästigt. Als die Muslime von Mekka nach Medina flohen, hatten sie dort anfänglich in ihren Unterkünften noch keine Toiletten, sodass auch die Frauen, die Ehefrauen des Propheten eingeschlossen, für ihre Bedürfnisse öffentliche Orte in der Stadt aufsuchen mussten. Damit freie Frauen nicht mit Sklavinnen verwechselt wurden, und damit sie nicht sexuell belästigt wurden, wurde der obige Vers offenbart.[5] Demzufolge ist das »äußere Gewand« (dschilbab), das überzuziehen empfohlen wird, ein Kennzeichen der freien Frau. Der klassische Kommentator al-Dschassas (gest. 981) verweist darauf, dass mit den Frauen der Gläubigen (*nisai-l-mu'minin*) nur die muslimischen Frauen gemeint sind. Sklavinnen waren seiner Auffassung nach von dieser Pflicht befreit,[6] obwohl unter ihnen, wahrscheinlich, auch Musliminnen waren. Einer der bekanntesten Gefährten des Propheten, der spätere Kalif 'Umar bin al-Khattab, hat sogar ausdrücklich den Sklavinnen verboten, den Kopf mit dem *dschilbab* zu bedecken, damit sie sich von freien Frauen unterscheiden.[7]

Als einige Frauen als eine Art neue Mode zunehmend ihre Brüste in der Öffentlichkeit entblößten, wurde der obengenannte Vers offenbart, mit dem von den Frauen des Propheten und den gläubigen Frauen verlangt wird, sich zu bedecken. Aus der Stelle: »Darum sollen sie ihre Kopfbedeckungen über ihren Busen ziehen« (24:31) geht hervor, dass Frauen damals ein Kopftuch trugen, – nicht aus moralischen, sondern aus praktischen Gründen, als Schutz vor Sonne, Wind und Staub[8] – so dass Hals, Schultern und Dekolleté bedeckt und ihre Haare nach hinten gebunden waren. In keinem Fall aber richtet sich der Vers gegen eine »verdorbene Natur« der Frau oder dergleichen. Im Gegenteil, er bestätigt ihre Teilnahme am öffentlichen Leben. Offenbar war die Situation auf den Straßen von Medina damals so, dass die Bedeckung für die Frauen die einfachste Lösung darstellte, um sich in der Öffentlichkeit frei bewegen zu können. Die weibliche Gewandung hat somit die Frauen vor sexueller Belästigung geschützt. Der Koran hat Muslime aufgefordert und motiviert, Sklavinnen zu befreien, und ihre Bedeckung war dabei ein Zeichen der Emanzipation.

Es lässt sich also schlussfolgern, dass das Ziel der Vorschrift, in der Öffentlichkeit das Gewand über sich zu ziehen, darin bestand, Frauen, die sich außer Haus unsicher gefühlt haben, zu schützen. Die Intention der Bekleidungsvorschrift ist der Schutz der Frau vor sexueller Belästigung, vor Missbrauch, vor körperlichen und verbalen Angriffen. Wenn ältere Frauen sich solchen Belästigungen weniger ausgesetzt fühlten, erlaubte der Koran, die äußeren Gewänder abzulegen:

»*Und (wisst, dass) Frauen fortgeschrittenen Alters, die kein geschlechtliches Verlangen mehr verspüren, keine Sünde auf sich laden, wenn sie ihre (äußeren) Gewänder ablegen.*« *(24:60)*

Als Folge dieser Anweisungen von damals ist heute eine bestimmte Art der Kleidung unter Musliminnen verbreitet, die sog. *Hidschab*. *Hidschab* bei Frauen schließt im praktischen Leben die Bedeckung des ganzen Körpers ein. Grundsätzlich lässt sich feststellen, dass die Mehrheit der islamischen Gelehrten einig ist, dass die Bekleidung der Frau den ganzen Körper mit Ausnahme von Gesicht, Händen und Füßen bedecken solle.[9] Die Verpflichtung der Frau, sich von Kopf bis Fuß zu bedecken, ist keine Erfindung des Islams. Sowohl im Judentum als auch im Christentum sprechen die Quellen[10] von einer als schicklich empfundenen Kleidung der Frau. Davon abgesehen gibt es aber gleichzeitig ein bestimmtes Verständnis von schicklicher oder »anständiger« Bedeckung, die nichts mit der Bekleidung der muslimischen Frau zu tun hat, sondern vielmehr auf bestimmte Normen und Regeln abzielt, die bei der Teilhabe am gesellschaftlichen Leben in der Öffentlichkeit berücksichtigt werden sollen. Deswegen ist es falsch zu behaupten, dass eine nicht bedeckte Frau »unanständig« oder jede bedeckte Frau »anständig« sei. Was als »anständig« bzw. »unanständig« zu gelten hat, ist zudem nicht notwendig konstant. Der Islam empfiehlt, dass eine Frau sich anständig kleidet, vor allem indem sie das bedeckt, was an ihr am attraktivsten sein kann. Wie diese Empfehlung umzusetzen ist, hängt von der jeweiligen sozialen Umwelt ab. Es gibt keine strikte Festlegung der weiblichen Gewandung, sondern ein Modell, das nach den jeweiligen Umständen und Sitten umzusetzen ist.[11] Das Ziel der Körperbedeckung ist, die Frau in den gesellschaftlichen Beziehungen nicht als Wesen mit überbetonter ›Weiblichkeit‹, sondern als ›Persönlichkeit‹ zu betrachten. Der Islam fordert von beiden Geschlechtern die Bedeckung der erotischen Körperteile, die attraktiv wirken und Begierde hervorrufen. Wenn also eine Frau sich heute durch entsprechende Kleidung vor Belästigung durch Männer sicher fühlt, dann ist das Ziel des Korans erreicht. Viele Musliminnen, die selbstbewusst, freiwillig und aus religiöser Überzeugung den *hidschab* tragen, sehen ihn als Ausdruck von Emanzipation und Schutz. Es wird verkannt, dass auch Kopftuchtragen ein emanzipatorischer Akt sein kann, welcher der effektiven, ja effektiveren Verteidigung der weiblichen Würde in einer sexistischen Umwelt dient.[12] *Hidschab* ist ein Mittel zur religiös-gesellschaftlichen Identifikation und ein Zeichen der Würde, das sowohl von Männern als auch von Frauen, die kein Kopftuch tragen, Respekt und Achtung einfordert.

In jedem Fall ist die Entscheidung allein den Frauen zu überlassen, wann, wo und wie sie sich bekleiden möchten, bzw. wie sie sich vor verbalen und nonverbalen Attacken, sei es durch übergriffige Männer oder Islam-Hasser, schützen. Das Tragen des Kopftuchs widerspricht aber dem Koran, wenn es unter Zwang aufgrund von Traditionen oder auf Verlangen der Eltern, der Brüder, des Ehemannes oder des sozialen Umfelds getragen wird: »Es soll keinen Zwang geben in Sachen des Glaubens« (2:256). Das Kopftuch, das eine Frau dagegen aus freier, eigener religiöser Überzeugung trägt, darf kein Hindernis für ihre aktive Teilnahme am öffentlichen Leben sein. Das Kopftuch darf nicht in die gesellschaftliche Isolierung der Frau führen. Es darf sie nicht daran hindern, zu studieren, zu arbeiten, zu forschen und öffentlich zu partizipieren und zu agieren. Die Frau aus der Gesellschaft deshalb auszuschließen, weil sie Kopftuch trägt, bedeutet Diskriminierung und Menschenrechtsverletzung.

Die ursprüngliche Idee des Korans war also, die Frauen durch Kleidungsvorschriften nicht zu unterdrücken, sondern zu befreien und zu schützen. Der *hidschab* als äußerliche und *taqwa* als innerliche Bedeckung sind zwei Schutzelemente vor möglichen unmoralischen Angriffen gegen die Frau. Die Tatsache, dass der Charakter, der Verstand und die Vernunft eines Menschen sein Wesen ausmachen und dass der Grund für die Bedeckung die Erreichung von *taqwa* ist, wie Gott sagt, soll nicht vergessen werden.[13]

Das unbedeckte Gesicht

Der Koran forderte, wie oben beschrieben, zuerst von Männern und dann auch von Frauen, mit ihrem Aussehen keine sexuellen Begierden hervorzurufen und ihre Reinheit und Intimität zu hüten. Diese Aufforderung setzt voraus, dass sich Männer und Frauen offen anblicken und dennoch ihre Gefühle dabei unter Kontrolle behalten; dies ist die moralische Verantwortung einer Person gegenüber einer anderen. Wenn eine Person eine andere ansieht, soll für sie der wichtigste Wert deren Persönlichkeit sein und nicht ein Stück Stoff oder das Haar. Der Koran schreibt die Verschleierung des Gesichtes nicht vor, d.h. keine Bedeckung, die die Persönlichkeit der Frau leugnen würde. Diejenige, die ihr Gesicht versteckt, versteckt sich selbst und ihre Identität; denn das, was am wertvollsten am Körper eines Menschen ist, ist sein Gesicht. Die Verhüllung des Gesichts einer Frau hinter einem Schleier degradiert ihre Würde, denn im Gesicht kommen Identität und Persönlichkeit zum Ausdruck. Deswegen fordert der Koran keine Gesichtsbedeckung, weil das im Gegensatz zur Natur und zur Würde des Menschen steht. Gleichzeitig verneint der Islam die Entkleidung des Frauenkörpers, welche sie zum Objekt machen würde. Beides sind extreme Erscheinungen, einerseits die Verhüllung des Gesichts und der Hände mit dem Schleier und andererseits das Bloßstellen der Reize. Das, was der Islam verlangt, ist ein vernünftiger mittlerer Weg zwischen der extremen Verhüllung und der extremen Enthüllung des Körpers. Das Ziel des Islams ist, den Menschen zu einem moralischen Leben in Einklang mit den Verhältnissen in der Gesellschaft hinzuführen.

Reinlichkeit und Ästhetik

Bei der Bekleidung sind noch zwei Elemente wichtig: Reinlichkeit und Ästhetik. In den ersten Tagen der Mission des Propheten forderte Gott von ihm und allen seinen Anhängern, ihre Kleidung zu säubern: »Und deine Gewänder, die reinige!« (74:4). Die zweite Sache, die Gott in Bezug auf die Kleidung verlangte, war Ästhetik – der Schmuck, das Accessoire. Ein ansprechendes Äußeres ist Gottes Gebot: »O Kinder Adams! Macht euch schön (Legt euren Schmuck an) für jeden Akt der Anbetung« (7:31). Damit will Gott sagen, dass sich die Menschen, wenn sie die Moschee besuchen und sich in der Öffentlichkeit zeigen, ansehnlich kleiden und schmücken sollen. Im folgenden Vers heißt es: »Sag: ›Wen gibt es, die Schönheit zu verbieten, die Gott für Seine Geschöpfe hervorgebracht hat ...?‹« (7:32). Damit spiegelt sich auch die Schönheit Gottes in Seinen Geschöpfen, so wie der Prophet sagte: »Gott ist schön und Er liebt das Schöne.«[14] Ästhetik und Reinlichkeit sind daher Verpflichtungen, die jeder Muslim und jede Muslimin praktizieren sollen.

Eine Frau, die sich für den *hidschab* entscheidet, muss sich dabei bewusst sein, dass sie nicht nur ein Kopftuch trägt, sondern auch eine Botschaft nach außen sendet. Sie kann durch ihr Kopftuch Sympathie, aber auch Ablehnung erwecken. Dabei spielt die Art und Weise der Bekleidung eine wesentliche Rolle. Eine in harmonierenden und passenden Farben und Formen gekleidete Frau kann durchaus Vorurteile, die auf europäischen Straßen vorherrschen, abbauen helfen. Letzten Endes ist aber nicht ausschlaggebend, was eine Frau auf dem Kopf hat, sondern was sie im Kopf hat:

»Mehr Kopf als Tuch«, wie es Amina Abuzehra im Titel ihres Buches treffend auf den Punkt bringt. Darin stellt sie kopftuchtragende Musliminnen vor und lässt sie von ihrem Leben und ihrer Entscheidung für das Kopftuch erzählen. Ihrem Buch hat sie ein Zitat von Jean-Paul Sartre als wichtige Botschaft an muslimische Frauen vorangestellt: »Es kommt nicht darauf an, was man aus uns gemacht hat, sondern darauf, was wir aus dem machen, was man aus uns gemacht hat.«[15]

Es gilt natürlich für Männer gleichermaßen, dass sie mit ihrem äußeren Auftreten zugleich eine Botschaft vermitteln. Und diese Botschaft ist nur dann islamisch richtig, wenn sie das gleichberechtigte Auftreten von Mann und Frau vermittelt. In den Golfstaaten kann man sehen, wie eine Frau in einem langen, schwarzen Kleid und mit dem Kopftuch in Begleitung von einem Mann, der ebenfalls ein langes weißes Kleid und eine Kopfbedeckung trägt, läuft. Ein gleichberechtigtes Bild. Dennoch verschwindet dieser Eindruck von Gleichberechtigung, wenn dieses Paar zum Beispiel nach London, München, Istanbul oder Sarajevo kommt. Während sich die Frau auch hier wie in ihrem Heimatland bekleidet, sehen wir den Mann in kurzen Hosen und T-Shirt. Dieses Bild der Ungleichheit zeigt deutlich, wie im Islam die Pflicht der Körperbedeckung von seinem Ursprung weit entfernt ist. Der Grund dafür ist die Ansicht der klassischen islamischen Theologie, die als *aura* eines Mannes, d.h. die Körperteile, die nicht gesehen werden dürfen, den Bereich vom Nabel bis zu den Knien definiert. Das würde bedeuten, dass ein Mann in der Öffentlichkeit zwei Drittel seines Körpers zeigen dürfte: den Kopf, die Schultern, den Bauch und die Unterschenkel. Stellen Sie sich einen Mann vor, der dies tut, z.B. einen Mann in Badehose am Strand. Er hält solche Bekleidung sowohl beim Gebet als auch in der Öffentlichkeit für (religiös) legitim. Stellen Sie sich einen gut gebauten, schönen Mann vor, der in dieser Form in der Öffentlichkeit herumläuft. Würde er die Aufmerksamkeit der Frauen nicht erregen? Aber die klassische islamische Theologie ist der Ansicht, dass dies korrekt sei. Das widerspricht dem, was der Koran bei Männern und Frauen erreichen wollte: Schicklichkeit und Ästhetik durch Körperbedeckung!

MÄNNER UND DIE »72 JUNGFRAUEN« IM PARADIES

Viele Männer, aber auch manche Frauen führen den im Koran vorkommenden Begriff *huri-'eyn*[1] oft im Munde. Sie glauben, dass damit attraktive Jungfrauen gemeint sind, mit der Gott die Männer im Paradies belohnen wird. Das Thema ist auch unter Nicht-Muslimen sehr prominent und wird gerne als besonders bizarres Beispiel für angeblich anstößige Aussagen im Koran ins Feld geführt. Eine Anzahl von *huri-'eyn* nennt der Koran nicht, aber in unterschiedlichen Hadith-Überlieferungen ist von 2 bis 72 die Rede, die vor allem den Märtyrern zugutekämen. Neben anderen Verheißungen des Paradieses scheinen also selbst dort besondere Vorteile nur wieder für Männer vorzuliegen.

Zunächst ist die Frage, ob der Koran grundsätzlich überhaupt über Sexualität im Paradies spricht. Der Koran thematisiert das nicht, wodurch aber auch nicht ausgeschlossen ist, dass Sexualität im Paradies möglich ist. Gott verheißt, dass im Paradies alle Wünsche erfüllt werden und noch mehr: »In jenem (Paradies) werden sie haben, was immer sie wünschen mögen – aber es gibt noch mehr bei Uns« (50:53; Ähnliches wird auch 41:3 und 43:71 ausgesagt). Wenn also im Paradies die Erfüllung aller Bedürfnisse zugesagt wird, dann sollten wir davon ausgehen, dass Sexualität selbstverständlich dazu gehört. Dies kann dann aber nicht zu Lasten eines Geschlechtes gehen. Erotik ist keine Einbahnstraße.

Der Koran erklärt, dass wir nach dem Tod auf neue Weise im Jenseits existieren:

»Wir haben (fürwahr) bestimmt, dass der Tod (allgegenwärtig) unter euch sein soll: aber es gibt nichts, Uns zu hindern, die Natur eurer Existenz zu verändern und euch (erneut) ins Dasein zu bringen auf eine euch (bis jetzt noch) unbekannte Weise.« (56:60-61)

Unsere Form und Gestalt werden also auf eine uns unbekannte Art neu geschaffen. Alles, was die Existenz im Jenseits beschreibt, kann mit unseren diesseitigen Vorstellungen nicht erfasst und verstanden werden; was der Koran darüber aussagt, kann folglich nur eine Allegorie sein:

»Und (was alle solche Gläubigen angeht,) kein Mensch kann sich vorstellen, welche seligen Freuden, bis jetzt noch verborgen, sie (im kommenden Leben) erwarten als Lohn für alles, was sie taten.« (32:17)

Ganz offensichtlich ist es allegorisch zu verstehen, wenn der Koran im Paradies Gaben wie »Armreifen«, »Gold«, »Perlen«, »Juwelen«, »Kleidung aus Seide und Brokat« verheißt.[2] Mit dem Auftreten von Königen hat man solche Attribute zur Zeit der Offenbarung in Verbindung gebracht. Wie ein König zu leben, so kann man sich – wem das wünschenswert erscheint – das Jenseits vorstellen, vor allem vielleicht nach einem extrem harten und entbehrungsreichen Dasein. Auch von Zelten im Paradies ist die Rede (55:72) – wieder ein Sprachbild, das die Bewohner Arabiens anspricht. Ein bis heute sehr bedeutender und geachteter Gelehrter und Koran-Kommentator, Imam al-Maturidi (gest. 941), kommentiert den Vers 35:33: »Darum werden sie in Gärten steter Seligkeit eingehen, darin mit Armreifen aus Gold und Perlen geschmückt zu werden und darin in Kleidung aus Seide gehüllt zu werden« wie folgt: »Gott spricht von Gold, Perlen und Seide – obwohl das alles für Männer im Diesseits abzulehnen ist –, wohl weil die Araber das wünschenswert fanden und ihnen so das Paradies schmackhaft gemacht werden sollte. Ein Zelt ist ja normalerweise nicht die Idealvorstellung für ein Zuhause, sondern eine Notunterkunft bei Erdbeben oder vorübergehend auf Reisen. Gott spricht aber von Zelten, weil die nomadischen Araber Zelte bevorzugen.«³

Der Koran spiegelt auch hier natürlich die Vorstellungen und Erwartungen der arabischen Menschen jener Zeit wider, die die ersten Adressaten der Offenbarung, die in arabischer Sprache erfolgte, waren. Wäre die Offenbarung in einer anderen Kultur zu einer anderen Zeit erfolgt, wären die Sprachbilder sicherlich andere.

In eben diesen Kontext ist nun auch der Begriff *huri-'eyn* einzuordnen. *'Eyn* heißt eindeutig »Auge«, aber die Bedeutung des Wortes *huri* muss geklärt werden. In der Vorstellung, im Wunschdenken mancher Männer vielleicht, werden daraus »schönäugige Jungfrauen«. Und nicht ohne Grund wurde in einigen westlichen Sprachen daraus das Wort »Hure« abgeleitet. Doch das Wort *huri* ist grammatisch maskulin! Der irakische Sprachwissenschaftler und Dichter Muhammad Husein al-Yasin (geb. 1948) erklärt: »Wenn Gott einen Begriff für ›schöne Frauen‹ verwenden wollte, dann stünde im Koran vielleicht *nisaun dschamilat/hasnawat* (feminin), dann wäre eindeutig, dass Gott Männer mit schönen Frauen belohnen will. Doch im Koran findet sich explizit nicht diese Wortwahl, sondern der

Begriff *huri-'eyn*, weil *huri* sprachwissenschaftlich im Plural für beide Geschlechter steht: sowohl Männer als auch Frauen sind *hur* (*rijalun hur we nisaun hur*). *Huri-'eyn* meint wortwörtlich ›reine Wesen/Gefährten von schönstem Auge‹, Gottes Geschöpfe im Paradies, die im Dienst sowohl für Männer als auch für Frauen stehen. Gott ist gerecht und will damit sowohl Männer als auch Frauen mit *huri-'eyn* belohnen. Der Koran ist an alle Menschen gerichtet und Gott macht keinen Unterschied bei der Belohnung zwischen den Geschlechtern.«[4] Dass aus einem metaphorischen Begriff für ein nicht beschreibbares Wesen, das nicht einmal feminin ist, eine so weit verbreitete Vorstellung von sexueller Belohnung ausschließlich für Männer geworden ist, sagt viel über den Umgang mit dem Korantext unter Muslimen und unter Nicht-Muslimen aus, aber nichts über die Offenbarung selbst.

Der namhafte türkische Koranexeget Prof. Mehmet Okuyan erläutert in seinem Koran-Lexikon: »Der Begriff *huri-'eyn* verweist nicht auf weibliches oder männliches Geschlecht, sondern bedeutet ›weiß wie das Weiße im Auge‹, also ›rein, schön‹. Die *huri-'eyn* sind ›reine Gefährten von schönsten Augen‹,[5] die für die Bewohner des Paradieses erschaffen sind, und haben die Bedeutung von Partner/Gefährte.«[6] Mit diesem Begriff in Verbindung steht im Koran das Verb *zawdsch*, das von »Paar« abgeleitet ist und meist mit »sich paaren« übersetzt wird. Okuyan erklärt dazu: »Im Koran wird ausgesagt, dass die *huri-'eyn* mit den Menschen gepaart werden: ›Und Wir werden sie paaren mit reinen Gefährten von schönstem Auge.‹ *(kedhalike wezewwedschnahum bihurin 'eyn* – Sure 44:54 und Sure 52:20). Diese Paarung ist aber nicht von sexueller Natur. Gott sagt nichts über die sexuelle Orientierung der *huri-'eyn*, weil sie eben Engel sind. Wenn man die *huri-'eyn* als ›Frauen‹ verstehen würde, würde das ja bedeuten, dass Frauen im Paradies ohne Belohnung bleiben würden. Im oben erwähnten Vers wird das Personalpronomen *hum* ›sie‹ (3. Person Plural) verwendet, was alle Bewohner des Paradieses einbezieht, sowohl Männer als auch Frauen.«[7] Wenn Gott die Begriffe *zawdsch/azwadsch* im Koran verwendet, dann ist immer das Paar bzw. die Ehepartner gemeint, und nicht die Ehefrauen, wie es meist in Übersetzungen vorkommt.[8]

Die *huri-'eyn* werden im Koran auch als »Perlen« bezeichnet (56:23). Genauso werden auch die im Paradies lebenden Kinder, *wildan*, bezeichnet (76:19) und ebenso die dienenden Jünglinge, *ghilman*, (52:24). Gott vergleicht *huri-'eyn* auch mit »Korallen«, »Smaragden«, »Rubinen«, »Hyazinthen« (55:58). Aus all dem lassen sich keine sexuellen Konnotationen ableiten. Zusammenfassend steht fest, dass die *huri-'eyn* keine sexuellen Gespielinnen von Männern im Paradies sind. Die Vorstellung von 72 Jungfrauen im Paradies, die auf männliche Märtyrer warten, ist pure Phantasie und findet keine Stütze im Koran.

Wichtiger als alle Verheißungen des Paradieses hat für gläubige Menschen »das Wohlgefallen Gottes« (9:72) zu sein, als das eigentliche höchste Ziel. Im Paradies suchen wir Ruhe und Frieden und sollten unsere Gedanken von einer Erotisierung des Paradieses befreien. »Und wisse, dass Gott den Menschen einlädt zur Bleibe des Friedens!« (10:25)[9]

EIN ABSCHLIESSENDES WORT AN DIE MUSLIMISCHE FRAU IN DEUTSCHLAND, DIE HEIRATEN ODER SICH SCHEIDEN LASSEN WILL

Wie hier schon ausführlich zu lesen war, hat der Islam den Frauen die Würde gegeben, weil sie ein Mensch ist, ebenso wie der Mann. Der Islam hat die Menschen von Sklaverei befreit, insofern ist die Frau weder Besitz des Mannes noch seine Dienerin. Das Verhältnis zwischen Mann und Frau beruht auf dem Prinzip der Partnerschaft und der Gegenseitigkeit. In seinem historischen Kontext schuf der Koran für die Frau eine neue Position in der Gesellschaft und räumte ihr Rechte ein. Um diesen Mechanismus geht es, und er müsste bis heute einen Kampf der Muslime für eine immer bessere Stellung der Frau motivieren. Vor allem die muslimische Frau darf nicht aufhören, für ihre von Gott gegebenen Rechte zu kämpfen, genau wie es die Frauen zur Zeit des Propheten Muhammed taten. Die Frau kann frei über ihr Eigentum verfügen, freier sogar als der Mann, da sie keinerlei finanziellen Verpflichtungen gegenüber der Familie oder anderen Personen zu erfüllen hat. Ihr steht umfassende Versorgung durch ihren Ehemann zu. Die Frau hat das Recht, einem Beruf nachzugehen, und das Geld, das sie dabei verdient, bleibt ihr Eigentum. Sie kann ihr Vermögen ausgeben, vererben, verschenken oder in Geschäfte investieren, ohne dass der Ehemann, der Vater oder irgendjemand sonst Einfluss darauf nehmen dürfte. Mann und Frau sind gleichermaßen verpflichtet, zum Gedeihen einer intakten Familie beizutragen und sich gegenseitig in ihrer Beziehung und ihren Aufgaben für die Gesellschaft zu unterstützen. Genau wie der Mann hat die Frau nicht nur das Recht, sondern die Pflicht, sich geistig weiterzubilden, zu lernen. Sie hat ebenso das Recht und die Pflicht, sich an der Gestaltung der Familie und der Gesellschaft zu beteiligen und ihren Beitrag zu leisten. Zum Zusammenleben gehört neben körperlicher Liebe auch die Fähigkeit und die Bereitschaft, sich an einen Lebenspartner zu binden. Das Fundament einer intakten Beziehung liegt in der Liebe und gegenseitiger Wertschätzung. Eine feste Beziehung bzw. die Ehe wird im Islam als die *Vollendung des Glaubens* betrachtet und schützt die Gläubigen vor vielen Sünden und Gefahren. Die gegenseitige Unterstützung der Lebenspartner auf ihrem Lebensweg und die Geborgenheit, die man in einer festen Partnerschaft findet, werden im Koran mit dem beeindruckenden Vers: »Sie sind ein Kleid für euch und ihr ein Kleid für sie« (2:187) zum Ausdruck gebracht.[1] Der Koran sagt über das emotionale und ethisch-moralische Verhältnis zwischen Mann und Frau Folgendes:

> *»Und zu Seinen Zeichen gehört es, dass Er für euch von euch selber Partnerwesen erschuf, auf dass ihr bei ihnen Ruhe findet, und Er hat zwischen euch Liebe und Barmherzigkeit gesetzt: Hierin sind wahrlich Botschaften für die nachdenkenden Leute.«* (30:21)

Dieser Vers verwendet drei elementare Begriffe: Ruhe, Liebe und Barmherzigkeit. Eine erfüllte Partnerschaft ist der Ort, an dem man Ruhe, Wärme, Zuneigung, Geborgenheit, Barmherzigkeit und Liebe findet. »In der arabischen Sprache gibt es unterschiedliche Worte für die verschiedenen Arten der Liebe. So wird die Liebe zwischen Eltern und Kindern, Geschwistern oder auch Gläubigen beispielsweise mit *hubb* bezeichnet. *Mawaddah* indes bezeichnet die Liebe zwischen Eheleuten, bei der die gegenseitige Anziehungskraft eine Rolle spielt. Dies ist nicht nur Grundvoraussetzung für eine beide Seiten erfüllende Beziehung. Diese Anziehungskraft ist auch Quelle und Energie für das Miteinander von zwei Menschen.«[2]

Die Eheschließung ist die Voraussetzung für das gemeinsame Eheleben. Die Frau hat das Recht zu entscheiden, wann und wen sie heiratet. Ohne ihre Einwilligung darf keine Ehe geschlossen werden, ein solcher Ehevertrag wäre ungültig. Die Frau hat auch das Recht, sich scheiden zu lassen, denn die Ehe ist im Islam kein Sakrament, sondern ein zivilrechtlicher Vertrag zwischen dem Mann und der Frau. In ihm wird unter anderem die Höhe der Brautgabe festgelegt, die ausschließlich der Frau zusteht und ihr nicht nur als finanzielle Absicherung im Fall einer Scheidung dient, sondern auch als ein Geschenk und Zeichen der Wertschätzung. Die Eheschließung ist zweidimensional: normativ-juristisch (horizontal) und religiös-moralisch (vertikal). Der Koran bezeichnet die Eheschließung als »festes Abkommen« (*miythak galiydh*; Sure 4, Die Frauen, 21). Das bedeutet, dass darin verbindliche Bestimmungen festgeschrieben werden, die kompetent und zuverlässig aufgestellt werden müssen. Privatpersonen oder private Institutionen können das nicht leisten, sondern staatliche Institutionen, die die Ehepartner vor Manipulation und Missbrauch schützen. Somit braucht die Eheschließung im Islam eine juristische Grundlage.

Wenn in Moscheen oder Privaträumen ein Imam oder eine andere Person eine sogenannte Zeremonie zur Eheschließung vollzieht, dann ist das nicht mehr als eine »Segnung«. Sie hat keinen juristischen Boden in Deutschland, aber auch nicht im Islam. Wer sich *nur* von einem Imam trauen lässt, setzt seine Ehe aufs Spiel. Am meisten haben darunter dann die Frauen zu leiden. Bei Anfragen betone ich als Imam immer wieder, dass es keine »islamische Ehe« gibt, sondern nur einen »Ehevertrag«, der »festen Boden«, d.h. Rechtssicherheit braucht. Dafür sind in Deutschland die Standesämter zuständig. Nicht nur ist es wichtig, die Ehe in jedem Fall auf dem Standesamt zu schließen – diese Form der Eheschließung ist auch im islamischen Sinn richtig und korrekt. Wenn ich das den Partnern, die sich trauen lassen möchten, erkläre, dann ist es häufig die Frau, der diese Position einleuchtet und die dann ihren künftigen Ehemann dazu bewegt, die Ehe erst auf dem Standesamt und anschließend in der Moschee zu besiegeln. Manche Männer dagegen bleiben immer noch skeptisch.

Ich kann nur an die Ehepartner appellieren, die Ehe ernst zu nehmen und die Trauung zuerst juristisch, also standesamtlich vorzunehmen. Danach kann sie dann von einem Imam gewissermaßen »abgesegnet« werden. So sehen es auch, soweit mir bekannt ist, die Islamische Gemeinschaft in Bosnien und Herzegowina (hier in Deutschland IGBD) und die Diyanet-Behörde der Türkei (hier in Deutschland DITIB). Sie raten ihren Imamen ab, Trauungen vorzunehmen, solange die rechtliche Eheschließung nicht erfolgt ist. Ich appelliere an meine Kollegen, diese Regelungen einzuhalten, um sich selbst sowie das Paar vor den möglichen Konsequenzen zu schützen.

Genau wie die Eheschließung ist auch die Ehescheidung ein juristischer Vorgang. Ein Imam ist nicht befugt, ein Urteil für oder gegen eine Scheidung zu fällen. Er kann, wie andere Menschen auch, nur Ratschläge geben, um eine Ehe zu retten und wie die Partner sich vielleicht aussöhnen können. Im islamischen Recht ist es der sogenannte Qadi, d.h. der »Richter«, der in zivilrechtlichen Angelegenheiten entscheidet und der damit auch für Eheschließung und Ehescheidung zuständig ist. Er nimmt in islamischen Ländern im Auftrag des Staates bzw. des Staatsoberhauptes die judikative Funktion wahr und richtet sich dabei nach dem islamischen wie auch dem positiven Normensystem. Für Deutschland gilt demzufolge, dass den Gerichten die alleinige Kompetenz und Autorität zukommt, eine Ehe aufzulösen. Ehepartner müssen wissen, dass eine im Streit getroffene bloße Aussage »Du bist geschieden« weder islamisch oder moralisch noch juristisch von Bedeutung ist, solange sie nicht vor Gericht rechtskräftig beschieden wird. Deutschland ist Gott sei Dank ein Rechtsstaat. Die Richterinnen und Richter sind frei von ideologischen und politischen Einflüssen und von jeglichen Zwängen außerhalb der Gesetze. Der Staat ist verpflichtet, die Rechte der Bürgerinnen und Bürger zu schützen, unabhängig von ihrer Religionszugehörigkeit. Eine Frau hat selbstverständlich das Recht, sich von ihrem Mann zu trennen, wenn sie die Ehe als unerträglich empfindet. Der Weg dahin führt, genau wie umgekehrt, über die Gerichte. Dabei bleibt für beide Partner gleichermaßen immer zu berücksichtigen, dass eine Trennung bittere Konsequenzen nach sich ziehen kann – ganz besonders für die gemeinsamen Kinder. Deshalb ist aus islamischer Sicht die beste Lösung nicht die Trennung, sondern immer die Versöhnung, »die Dinge auf friedliche Weise zwischen sich in Ordnung zu bringen; denn Frieden ist am besten« (4:128).

LITERATUR

Koranübersetzungen
Asad, Muhammad, *Die Botschaft des Koran*, Patmos
Bobzin, Hartmut, *Der Koran*, C.H.Beck
Elyas, Nedeem, *Der edle Qur'an*, Medina
Paret, Rudi, *Der Koran*, Kohlhammer.

Allgemeine Literatur
Abu Dawud, al-Sidschistani, *Sunnen*, Istanbul 1992.
Abu Shukkah, Abdulhalim, *tahriru'l mar'a fi asri-risalah*, Kuweit 1999.
Abulsulayman, Abdulhamid A., *Marital Discord Recapturing the Full Islamic spirit of Human Dignity*, The International Institute of Islamic Thought, London-Washington 2003.
Abuzahra, Amani, *Mehr Kopf als Tuch*, Tyrolia 2018.
Adhim Abadi, *awnu-l-ma'bud*, Medina 1968.
Afghani, Said, *al-islam wal-mar'a*, Damaskus 1977.
Akdemir, Salih, *Tarih boyunca ve Kur'an-ı Kerimde Kadın*, İslami Araştırmalar, Cilt 10, Sayi 4, Ankara 1979.
Ali, Dschawad, *al-mufassal fi tarikh al-arab qabl al-islam*, Bagdad 1993.
Aliu, Ataullah, *Kur'anski koncept za pojam fitne i tumačenja mufessira*, Hikmet, Novi Pazar 2013.
Alusi, M. Shukri, *bulugu-l-ereb fi m'rifati ahwalil-l-'arab*, Beirut 1994.
Ammara, Muhammad, *at-tahrir al-islamiy lil-mar'a*, Kairo 2002.
Andalusi, Abu Hayyan, *al-bahru-l-muhit*, Beirut 2005.
Apaydin, Yunus, »*Tesettür*«, *DIA*, Istanbul 2011.

Ateş, Ali Osman, *Hadis Temelli Kalıp Yargılarda Kadın*, Beyan, İstanbul 2000.

Ateş, Ali Osman, *Islama Göre Cahiliyye ve Ehl-i Kitap Örf ve Adetleri*, Beyan, Istanbul 2014.

Badawi, Jamal, *Jednakopravnost spolova u islamu*; Preporod, Sarajevo 2012.

Bagawi, Alhusain b. Mas'ud, *mealimu-t-tenzil*, Beirut 1995.

Baihaqi, Abu Bakr, *sunenu-l kubra*, Beirut 2003.

Bauer, Karen, »Traditional« Exegesis of Q 4:34. CIS 2.2 (2006) 129–142.

Bayraklı, Bayraktar, *Kur'anda Hz. Peygamber*, Düşün, Istanbul 2015.

Bayraklı, Bayraktar, *Yeni Bir Anlayışın Işığında Kur'an Tefsiri*, Bayraktar, Istanbul 2002.

Birekul M. & Yilmaz M., *Peygamber Günlerinde Sosyal Hayat ve Aile*, Yediveren Kitap, Istanbul 2001.

Bukhari, Muhammed ibn Ismail, *dschamius-sahih*, Istanbul 1992.

Bullok, Katherine, *Odijevanje muslimanki*, CNS, Sarajevo 2013.

Caner & Feryan Taslaman, *İslam ve Kadın*, Istanbul 2018.

Crabites, Pierre, *The Wisdom of Muhammad*, Citadel Press, New York 2001.

Daraqutni, *sunan*, Beirut 2004.

Demircan, Ali Rıza, *Hac ve Umre Yüceliğe Çağrıdır*, Beyan, Istanbul 2008.

Demircan, Ali Riza, *İslama Göre Cinsel Hayat*, Eymen, Istanbul 1996.

Derveze, Izzet, *at-tafrisu-l-hadith*, Kairo 2008.

Dhahabi, Schamsuddin, *mizan al-'itidal*, Beirut 1963.

Dhahabi, Schamsuddin, *siyar al-a'alm an-nubala*, Beirut 1985.

Dihlawi, Shah Waliyullah, *hudschatullahi-l baligah*, Beirut 1992.
Đozo, Husein, *Islam u vremenu*, Zaman, Novi Pazar 1989.
Đozo, Husein, *Izabrana djela*, II, Kur'anske studije, El-Kalem, Sarajevo 2006.
Dschassas, Ahmad bin Ali ar-Razi, *ahkamu-l-qur'an*, Beirut 1992.
Ece, Hüseyin Kerim, *Takva Bilinci*, Denge, Istanbul 2000.
Eliaçık, İhsan, *Bana Dinden Bahset*, İnşa, Istanbul 2011.
Eliaçık, İhsan, *Yaşayan Kur'an Türkçe Meal/Tefsir,* İnşa, Istanbul 2007.
Elik, Hasan, *Tevhit Mesajı*; M.Ü. Ilahiyat Fakültesi Vakfı, Istanbul 2016.
Emerick, Yahiya, *Muhammad*, Alpha Books, Indianapolis 2002.
Garaudy, Roger, *Živi islam*, El-Kalem, Sarajevo 2000.
Ghazali, Muhammad, *al-istibdad as-siyasi fi-l mudschtamaatil arabiyyati wa-l islamiyyati*, Kairo 2005.
Ghazali, Muhammad, *as-sunnah an-nabawiyya*, Kairo 2000.
Ghazali, Muhammad, *qadaya al-mar'a,* Kairo 1990.
Güler, İlhami, *Direniş Teolojisi*, Ankara Okulu, Ankara 2010.
Güler, İlhami, *Sabit Din Dinamik Şeriat*, Ankara Okulu, Ankara 2002.
Haschimi, Muhammed bin Habib, *al-muhabbar*, Damaskus 2013.
Hatiboglu, Mehmed S., *Kadina Dinin Verdigini Fazla Bulanlar*, Islamiyat III (2000).
Hofmann, Murad Wilfrid, *Der Islam im 3. Jahrtausend*, Cagri, Istanbul 2010.

Ibn Abi Schaiba, Abu Bekr, *al-musannaf,* Beirut 1989.
Ibn Abi Zemenin, Abu Abdillah bin Issa, *tafsir,* Beirut 2003.
Ibn al-Arabi, Abu Bekr, *ahkamu-l-qur'an,* Beirut 1988.
Ibn al-Dschauzi, Abu-l-Faradsch, *zadu-l-masir fi 'ilmt-tafsir,* Beirut 1987.
Ibn Atiyya al-Andalusi, Abdulhakk, *el-muharreru-l-wadschiz,* Beirut 2001.
Ibn Ebi Hatim, Abu Muhammad, *tafsiru-l-qur'ani-l-adhim,* Riad 2003.
Ibn Hadschar al-Asqalani, Abu-l-Fadl, *tahdhib at-tahdhib,* Beirut 2014.
Ibn Hanbal, Ahmad ibn Hanbal, *musned,* Istanbul 1992.
Ibn Hanbal, Ahmad, *ahkamun-nisa',* Beirut 1986.
Ibn Hischam, Abdulmelik, *es-siratun-nabawiyya,* Beirut 1955.
Ibn Hubayra, Yahya, *al-ifsah an meani as-sihah,* Damaskus 2013.
Ibn Kathir, Abu l-Fida' Ismail, *tafsir al-qur'an al-adhim,* Beirut 1983.
Ibn Madscha, Abu Abdullah, *as-sunan,* Istanbul 1992.
Ibn Manzur, Muhammed bin Mukrim, *lisanul-'arab,* Beirut 2003.
Ibn Qayyim al-Dschauziyya, Abu Abdullah Schamsuddin, *i'ilam al muwaqqe'in,* Beirut 1973.
Ibn Qudame, Muwaffiquddin, *al-mugni,* Riad 1997.
Ibn Qutayba, Abu Muhammad, *ta'wilatu muschkili-l qur'an,* Beirut 1973.
Ibn Ruschd, Abu'l-Walid, *bidayetu-l-mudschtahid,* Kairo 2004.
Ibn Sa'd, Muhammed, *at-tabakat al-kubra,* Beirut 1957.
Ibn Taymiya, Taqiyuddin, *al-qawaid al-nuraniya,* Riad 1422 nach Hidschri.

Ibn Taymiya, Taqiyuddin, *naqd meratibu-l-idschma*, (Ibn Hazm, *meratibu-l-idschma*), Beirut 1998.
Idriz, Benjamin, »*Zeig mir doch, was Mohammed Neues gebracht hat* ...«, Edition Avicenna, München 2018.
Idriz, Benjamin, *Grüß Gott, Herr Imam*, Diederichs, München 2010.
Isfahani, Raghib, *al-mufredat fi garibi-l-qur'an*, Kairo 1970.
İslamoğlu, Mustafa, *Hayat Kitabı Kur'an, gerekçeli Meal-Tefsir*, Düsünce, Istanbul 2002.
Kaidi, »Le Coran à l'Usage des Femmes«, in: Afrique Magazine, Nr. 113, Paris 1994.
Kaschif al-Gita, Husain, *aslusch-schiah wa usuluha*, Ghom 1415.
Köksal, Fatma, *Müctehidlerin Kadın Aleyhine Taraflı Tutumların Sebebi*, Islamiyat (2002), Nr. 22.
Malik, Ibn Anas, *muwatta*, Beirut 2004.
Mas'udi, Abu-l Hasan, *murudschudh-dheheb*, Beirut 2005.
Maturidi, Abu Mansur, *ta'wilatu ahlis-sunnah*, Beirut 2005.
Maturidi, Abu Mansur, *ta'wilatu-l-qur'an*, Istanbul 2007.
Maududi, Abul'ala, *tafhimul-qur'an*, Istanbul 2017.
Muqatil, Ibn Sulayman, *tafsir*, Beirut 2002.
Muslim, Muslim bin Hadschasch, *al-dschamius-sahih*, Istanbul 1992.
Nawawi, Yahya bin Scharaf, *al-madschmu'*, Beirut 2011.
Okuyan, Mehmet, *Kur'an Sözlügü*, Düsün, Istanbul 2015.
O. Spies, Mehir, *Islam Ansiklopedisi*, Istanbul 1993.
Öztürk, Mustafa, *Cahiliyeden İslamiyet'e Kadın*, Ankara Okulu, Ankara 2012.

Polat, Ibrahim Ethem, *Hanif Şairlerin Şiirleinde Monotesit Yap*, Şarkiyat Araştırmaları Dergisi, I, Nr. 1 (2001).
Qaradawi, Yusuf, *merkezul mar'ati fil-hayatil islamijjati*, Beirut 1998.
Qurtubi, *al-dschami' liahkami-l-qur'an*, Beirut 1991.
Rahman, Fazlur, *Ana Konularıyla Kur'an*, Ankara Okulu, Ankara 2007.
Razi, Fachruddin, *mefatihu-l-gayb*, Beirut 2004.
Rida, Raschid & Abduhu Muhammad, *al-manar*, Beirut 1999.
Rodinson, Maxime, *Muhammed*, Bucher C.J. (Türkische Übersetzung, Istanbul 1968).
San'ani, Abdurrazzaq, *musannaf*, Beirut 1983.
San'ani, Muhammed bin Ismail, *subulas-salam*, Kairo 2007.
Sarmış, İbrahim, *Rivayet Kültürü ve Olumsuz Kadın Algısı*, Düşünce, Istanbul 2010.
Savaş, Riza, *Hz. Muhammed Devrinde Kadın*, Ravza, Istanbul 1991.
Schawkani, Muhammad Ali, *naylu-l-awtar*, Kairo 1993.
Schelebi, Muhammed Mustafa, *ahkamu-l-'usrati fi-l-islam*, Beirut 1977.
Schneider, Irene, *Der Islam und die Frauen*, C.H. Beck, München 2011.
Šeta, Đermana, *Zašto marama – Bosanskohercegovačke muslimanke o životu i radu pod maramom*, CNS, Sarajevo 2011.
Silajdžić A, Beglerović S, *Akaidska učenja Ebu Hanife*, El-Kalem, Sarajevo 2016.
Steul, Willi, *Koran erklärt*, Berlin 2017.
Suyuti, Dschala ad-Din, *ad-durru-l-manthur fit-tafsir al-ma'thur*, Beirut 1993.

Tabari, Abu Dcha'far b. Dscharir, *dschami-ul-bayan*, Beirut 1997.
Tabari, Muhaibbuddin, *as-samtuth-thamin fi manaqibi ummahat al-mu'minin*, Beirut 2004.
Tha'labi, Abu Ishak, *al-keschf wal-bayan*, Beirut 2004.
Tirmidhi, Muhammad ibn Isa, *al-dschamisus-sahih*, Istanbul 1992.
Tuksal, Hidayet Şefkatlı, *Kadin Karşıtı Söylemin İslam Geleneğindeki İzdüşümleri*, Kitabiyat, Ankara 2000.
Wahidi, *al-wasit*, Beirut 1994.
Yazır, Elmalılı M. Hamdi, *Hak Dini Kur'an Dili*, Huzur, Istanbul 2000.
Zaidan, Abdulkarim, *al-mufassal fi ahkami-l-mar'a*, Beirut 1993.
Zaidan, Dschurdschi, *İslam Medeniyeti Tarihi*, Istanbul 1976.
Zamahschari, Ebu-l-Qasim, *al-kasch-schaaf*, Beirut 1977.
Zarkaschi, Badruddin, *al-idschabah liyrad ma istadrakathu Aischa alas-sahabah*, Beirut 1970.
Zarqani, *scherhu-l-mewahib*, Beirut 1996.
Zebidi, *tadschu-l-'urus*, Kuweit 1976.
Zentrum für Islamische Frauenforschung und Frauenförderung, *Ein einziges Wort und seine große Wirkung. Eine hermeneutische Betrachtungsweise zu Qur'an Sura 4, Vers 34, mit Blick auf das Geschlechterverhältnis im Islam*, Köln 2005.

ANMERKUNGEN

Vorwort

1 Hidayet Şefkatlı Tuksal, *Kadın Karşıtı Söylemin İslam Geleneğindeki İzdüşümleri*, Kitabiyat, Ankara 2000.
2 Mustafa Öztürk, *Cahiliyeden İslamiyet'e Kadın*, Ankara Okulu, Ankara 2012.
3 İbrahim Sarmış, *Rivayet Kültürü ve Olumsuz Kadın Algısı*, Düşünce, Istanbul 2010.
4 Ali Osman Ateş, *Hadis Temelli Kalıp Yargılarda Kadın*, Beyan, Istanbul 2000.
5 Für arabische Autoren nennen wir hier als Beispiele: Abdulhalim Abu Shukkah, *tahriru'l mar'a fi asri-risala* in 6 Bänden; Dar al-Qalam, Kuweit 1994; Muhammad Ammara, *at-tahrir al-islamiy lil-mar'a,* asch-Scharq, Kairo 2002; Muhammad al-Ghazali, *qadaya al-mar'a,* Schuruq, Kairo 1990.
6 Die Koranverse folgen der Übersetzung von Muhammad Asad, *Die Botschaft des Koran,* Patmos, Düsseldorf 2009.
7 Muhammad al-Ghazali, *as-sunnah an-nabawiyya,* Dar- al-Schuruq. Kairo 2000.
8 Murad Wilfrid Hofmann, *Der Islam im 3. Jahrtausend,* Cağrı, Istanbul 2010, S. 134.
9 Muhammad al-Ghazali, *qadaya al-mar'a,* S. 15.
10 Murad W. Hofmann, *Der Islam im 3. Jahrtausend,* S. 135.
11 https://de.qantara.de/inhalt/interview-mit-imam-benjamin-idriz-wir-muessen-die-ueberlieferung-hinterfragen

Die Stellung der Frau in vorislamischer Zeit und wie der Koran darauf reagiert

1 In der islamischen Tradition wird empfohlen, dass, wenn der Name des Propheten Muhammed genannt wird, er

mit dem Segenwunsch *sallallahu alaihi wa sallam* (Möge Gottes Segen und Frieden auf ihm sein), oder nur *alaihis-salam* (Friede sei auf ihm) versehen wird. Auch die anderen Propheten, wie Jesus oder Mose, werden im Islam mit diesem Segenswusch versehen.

2   al-Maide; 5:50; al-Ahzab, 33:33; al-Feth, 48:26.
3   al-Bukhari, *Iman* 22, *Dschanaiz*, 39, *Manaqib* 88; Muslim, *Dschanaiz* 29.
4   al-Alusi, *bulugu-l-ereb fi m'rifati ahwalil-l-'arab*, S. 15-18.
5   Ahmad ibn Hanbal, Nr. I/190; 317.
6   Shah Waliyullah ad-Dihlawi, *hudschatullahi-l baligah*, I/364. Siehe auch die ähnliche Meinung von Qatada in *ta'wilu muschkili-l qur'an* von Abu Muhammad ibn Qutayba, S. 127.
7   Muhammed bin Habib al-Haschimi, *al-muhabber*, S. 322-323.
8   Abu-l Hasan al-Mas'udi, *murudschudh-dheheb*, I/65-75; al-Alusi, *bulugu-l-ereb*, II/244-282. Siehe für mehr Beispiele: Ibrahim Ethem Polat, *Hanif Şairlerin Şiirleinde Monotesit Yapı*, Şarkiyat Araştırmaları Dergisi, I, Nr. 1 (2001) S. 124-133.
9   Siehe die Namen dieser Gruppe von Menschen: Muhammed bin Habib al-Haschimi, *al-muhabber*, S. 160-161.
10 Die Gelehrten haben das im Grunde genommen akzeptiert. Siehe die Überlieferungen darüber: al-Baihaqi, *as-sunenu'l kubra*, VII/80-82. Was der Koran dazu tatsächlich sagt, darauf komme ich später ausführlich zurück.
11 Dschawad Ali, *al-mufassal*, IV/635-636.
12 Siehe die Aussagen einiger Gefährten des Propheten, wie z.B. von 'Umar bin al-Khattab: »Ein freier Mensch, der eine Sklavin heiratet, hat damit seinen Sohn versklavt«, Abu Ishak ath-Tha'labi, *al-keschf wal-bayan*, II/268; al-Qurtubi, *al-dschami'*, V/98; as-Suyuti, *ad-durru-l-manthur*, II/492; Abu Bekr ibn Abi Schayba, *al-musannaf*, III/466.
13 Dschawad Ali, *al-mufassal*, IV/638.

14 Dschawad Ali, *al-mufassal*, IV/641-643.
15 al-Qurtubi, *al-dschami'*, V/69.
16 Dschawad Ali, *al-mufassal*, V/544.
17 O. Spies, Mehir, *Islam Ansiklopedisi*, Istanbul 1993, VII/494.
18 Ibn Qudama, *al-mugni*, X/97-190.
19 Siehe ausführlich über die Ehearten in dieser Zeit: Irene Schneider, *Der Islam und die Frauen*, C.H.Beck, München 2011.
20 Ali Osman Ateş, *Islama Göre Cahiliyye ve Ehl-i Kitap Örf ve Adetleri*, S. 331.
21 Mustafa Öztürk, *Cahiliyeden İslamiyet'e Kadın*, S. 31.
22 Es gibt Überlieferungen, wonach der Prophet zuerst einigen seiner Gefährten in Ausnahmesituationen die mut'ah-Ehe erlaubt hat, und danach denen verboten hat. Der Prophet hat die Männer, die auf eine bestimmte Zeit in der Ehe waren, aufgefordert, sich von ihren Partnern endgültig zu trennen. Siehe: Muslim, *Nikah*, 18; Ibn Madscha, *Nikah*, 44; Ahmad ibn Hanbal, *musnad*, III/40-4-405. Siehe auch: Asch-Schawkani, *naylu-l-awtar*, VI/155.
23 Dieser Begriff (*istimta/ mut'ah*), der im diesen Vers vorkommt, bedeutet Genuss und deutet auf eine Ehe für eine bestimmte Zeit. Siehe: at-Tabrisi, *madschma' al-bayan*, III/46; Kaschif al-Gata', *aslusch-schiah*, S. 254.
24 at-Tabari, *dschami-ul-bayan*, VI/15; ar-Razi, *mafatihu-l-gayb*, X/51; al-Qurtubi, *al-dschami*, V/85.
25 Elmalılı M. Hamdi Yazır, *Hak Dini Kur'an Dili*, II/1331.
26 at-Tabari, *dschami'u-l-bayan*, V/392.
27 Günaltay, *Kable-l-İslam Araplarda İctimai Aile*, S. 90.
28 Muhammad Asad, *Die Botschaft des Koran*, Fußnote 32, S. 155.
29 Muqatil bin Sulayman, *oafsir*, III./182-183; at-Tabari, *dschami'u-l-bayan*, IX/9.
30 Hidayet Şefkatlı Tuksal, *Kadın Karşıtı Söylemin İslam Geleneğindeki İzdüşümleri*, S. 44.
31 M. Birekul, M. Yilmaz, *Peygamber Günlerinde Sosyal Hayat ve Aile*, S. 137-140.

32 https://rotana.net/ أبرز-إحصائيات-السعودية-في-2016-بينها-3-/دراس

33 Murad W. Hofmann, *Der Islam im 3. Jahrtausend*, S. 134.

34 Murad W. Hofmann, *Der Islam im 3. Jahrtausend*, S. 138.

35 Kaidi, »Le Coran à l'Usage des Femmes«, in: Afrique Magazine, Nr. 113, Paris 1994, S. 63.

36 Salih Kandemir, *Tarih Boyunca ve Kur'an-i Kerimde Kadın*, İslami Araştırmalar, 10, Nr. 4, 1997, S. 256.

37 İhsan Eliaçık, *Bana Dinden Bahset*, S. 113-120.

38 Zaidan, *İslam Medeniyeti Tarihi*, IV/25.

39 Zaidan, *al-mufassal*, VI/390.

40 Nedim Elyas, *Der edle Qur'an*, Sure 65, at-Talaq, Vers 4.

41 Abu Bekr Ibn al-Arabi, ahkamu-l-qur'an, VI/285.

42 Muhammad Asad, *Die Botschaft des Koran*, S. 1071.

43 Caner & Feryan Taslaman, *İslam ve Kadın*, S. 120.

44 Schelebi, *ahkamu-l-'usrah*, S. 127.

45 https://www.diyanet.gov.tr/tr-tr/Kurumsal/Detay/11164/basin-aciklamasi

46 http://www.azhar.eg/sawtalazhar/ زواج-القاصرات/الإمام-الأكبر- سنة-18-بـ-الزواج-سن-تقنين-يؤيد-الأزهر

47 Mustafa Öztürk, *Cahiliyeden İslamiyet'e Kadın*, S. 44.

48 Auch heute ist diese Form der Ehescheidung bei einigen Muslimen, vor allem unter in Europa lebenden Arabern, verbreitet. Im letzten Kapitel wende ich mich zu diesem Thema an die angehenden muslimischen Ehepartner in Deutschland.

49 Ibn Hischam, *as-sira an-nabawiyya*, I/137.

50 Mustafa Öztürk, *Cahiliyeden İslamiyet'e Kadın*, S. 55.

51 Muhammad Asad, *Die Botschaft des Koran*, S. 86.

52 al-Adhim Abadi, *awnu-l-ma'bud*, VI/308-311; as-San'aani, *subulas-salam*, III/317-320.

53 at-Tirmidhi, Talaq, Nr. 11.

54 al-Bagawi, *mealimut-tenzil*, I/202; ar-Razi, *mefatihu-l-gayb*, VI/69; Ibn al-Dschawzi, *zadu-l-masir*, I/256.

55 'Izzat Darwaza, *at-tafsiru-l-hadith*, V/407-408.

56 Ibn Ruschd, *bidayetu-l-mudschtahid*, II/90-92.

57 Dschawad Ali, *al-mufassal,* V/554.
58 Muhammad Asad, *Die Botschaft des Koran,* S. 85.
59 al-Adhim Abadi, *awnu-l-ma'bud,* VI/403-404.
60 Muhammed bin Habib al-Haschimi, *al-muhabbar,* S. 338-340.
61 Mustafa Öztürk, *Cahiliyeden İslamiyet'e Kadın,* S. 58
62 al-Wahidi, *al-wasit,* II/14-15; al-Qurtubi, *al-dschami',* V/31; Ibn Atiyya, *al-muharreru-l-wadschiz,* II/12.
63 Dschawad Ali, *al-mufassal,* V/562.
64 Muhammed bin Habib al-Haschimi, *al-muhabbar,* S. 324.
65 Dschawad Ali, *al-mufassal,* V/562-563.
66 Muhammed bin Habib al-Haschimi, *al-muhabbar,* S. 324: Dschawad Ali, *al-mufassal,* V/565.
67 Siehe der Anlass für die Offenbarung dieser Verse in verschiedenen Varianten: ar-Razi, *mefatihu-l-gayb,* IX/165; at-Tabari, *dschami'u-l-bayan,* III, 604; al-Dschassas, *ahkamu-l-qur'an,* II/2-7; Ibn al-Dschawzi, *zadu-l-masir,* II/18; az-Zmachschari, *al-kesch-schaf,* I/503, al-Qurtubi, *al-dschami',* V/31.
68 at-Tabari, *dschami'u-l-bayan,* III/616-617.
69 Maxime Rodinson, *Muhammed,* Bucher C.J.
70 Mustafa Öztürk, *Cahiliyeden İslamiyet'e Kadın,* S. 69.
71 Mustafa Öztürk, *Cahiliyeden İslamiyet'e Kadın,* S. 73.
72 Muhammad Asad, *Die Botschaft des Koran,* S. 150 (Fußnote 7)
73 »Sie werden dich fragen, sie aufzuklären. Sag: Gott klärt euch (also) auf über die Gesetze bezüglich (des Erbes von) jenen, die keinen Erben in direkter Linie hinterlassen: Wenn ein Mann kinderlos stirbt und eine Schwester hat, soll sie die Hälfte dessen erben, was er hinterlassen hat, geradeso wie er von ihr erben soll, wenn sie kinderlos stirbt. Aber wenn es zwei Schwestern gibt, sollen beide (zusammen) zwei Drittel dessen erhalten, was er hinterlassen hat; und wenn es Brüder und Schwestern (bzw. Schwestern und Brüder) gibt, dann soll der Männliche ebenso viel wie den Anteil von zwei Weiblichen erhalten.« (4:176)

74 Fazlur Rahman, *Ana Konularıyla Kur'an*, S. 131.
75 İlahmi Güler, *Sabit Din, Dinamik Şeriat*, S. 152.
76 Mustafa Öztürk, *Cahiliyeden İslamiyet'e Kadın*, S. 74
77 »Gott ist das Licht der Himmel und der Erde ... Licht über Licht! Gott leitet zu Seinem Licht, wer geleitet werden will ...« (24:35).
78 »O Prophet! Siehe, Wir haben dich als Zeugen für die Wahrheit gesandt und als Verkünder froher Kunde und als Warner und als einen, der alle Menschen mit Seiner Erlaubnis zu Gott aufruft, und als lichtgebende Leuchte.« (33:45-46).
79 Muhammad Asad, *Die Botschaft des Koran*, S. 650.

Nach Altem und Neuem Testament:
Mit dem Koran auf dem Reformweg

1 Husein Đozo, *Islam u vremenu*, S. 202-203.
2 Abu Dawud und at-Tirmidhi; Benjamin Idriz, *»Zeig mir doch, was Mohammed Neues gebracht hat ...«*, S. 118.
3 Ahmad ibn Hanbal, 256/6; Abu Dawud, Nr. 236; at-Tirmidhi, Nr. 113.
4 Siehe das Kapitel: Der Prophet – ein Kämpfer für Frauenrechte.
5 Roger Garaudy, *Živi islam*, S. 157.
6 Ilhami Güler, *Sabit Din Dinamik Şeriat*, S. 143.
7 Benjamin Idriz, *Grüß Gott, Herr Imam*, S. 141.
8 Ibn Kathir, *tafsirul-qur'anil-'adhim*, VIII/215.
9 İlhami Güler, *Sabit Din Dinamik Şeriat*, S. 140.
10 İhsan Eliaçık, *Yaşayan Kur'an Türkçe Meal/Tefsir*, S. 326; Kur'ani Hayat, Söyleşi, sayi-23-Adalet-2012; Benjamin Idriz, *Grüß Gott, Herr Imam*, S. 137.
11 İbrahim Sarmış, *Rivayet Kültürü ve Olumsuz Kadın Algısı*, S. 142.
12 Mustafa Öztürk, *Cahiliyeden İslamiyet'e Kadın*, S. 189.
13 Yusuf al-Qaradawi, *merkezul mar'ati fil-hayati-l islamiyyati*, S. 10.

14 Tuba Işık, »Die Erschaffung von Mann und Frau«, *Koran erklärt*, Hg. von Willi Steul, S. 135.
15 Jamal Badawi, *Jednakopravnost spolova u islamu;* Preporod, Sarajevo 2012.
16 Benjamin Idriz, *Grüß Gott, Herr Imam*, S. 152.
17 https://weforum.ent.box.com/s/e5drvw6w6f7x1f8f1ilije3asfrvxwg2
18 https://www.ilo.org/wcmsp5/groups/public/---arabstates/---ro-beirut/documents/publication/wcms_549623.pdf?fbclid=IwAR2Gq72jfB1cjOjQvK3xogObiBkHsGMd8OU8SDbMXVoQP-9owEUyclDvOk4
19 »Meidet jedes Wort, das unwahr ist!« (22:30); »Und (wisse, dass wahre Diener Gottes nur sind) jene, die niemals bezeugen, was falsch ist«. (25:72)
20 Salih Akdemir, *Tarih Boyunca ve Kur'an-ı Kerimde Kadın*, İslami Araştırmalar, 1989, 4, S. 254.
21 M. Abduhu, R. Rida, *al-manar*, III/124.
22 Muhammad Ammara, *at-tahrir al-islamiy lil-mar'a*, S. 92; Qasim Amin, *tahrir al-mar'a*, S. 27.
23 İbrahim Sarmış, *Rivayet Kültürü ve Olumsuz Kadın Algısı*, S. 149-150.
24 Murad W. Hoffmann, *Der Islam im 3. Jahrtausend*, S. 150
25 Hidayet Şefkatlı Tuksal, *Kadın Karşıtı Söylemin İslam Geleneğindeki İzdüşümleri*, S. 137.
26 ad-Daraqutni, *sunan*, III/225.
27 Nedeem Elyas, *Der edle Qur'an*, Medina.
28 Muhammad Asad, *Die Botschaft des Koran*, Ostfildern.
29 Mustafa Öztürk, *Cahiliyeden İslamiyet'e Kadın*, S. 83.
30 Zur Bedeutung des Wortes *nafs* siehe: Ibn Mandhur, *lisanul-'arab*, III/677–678.; al-Isfahani, *al-mufredat fi garibi-l-qur'an*, S. 764–765; az-Zebidi, *tadschul-'urus*, XVI/559–574.
31 Mustafa Öztürk, *Cahiliyeden İslamiyet'e Kadın*, S 84.
32 ar-Razi, *mefatihu-l-gayb*, IX/131 und XV/72.
33 az-Zamachschari, *al-kasch-schaaf*, I/244; al-Qurtubi, *al-dschami*, V/2; Ibn Kathir, *tafsiru-l-qur'ani-l-adhim*, I/448.

34 at-Tabari, *dschami'u-l-bayan*, I/267, III/566; Abi Hatim, *tafsiru-l-qur'ani-l-adhim*, I/85, III/853; ar-Razi, *mefatih-l-gayb*, III/3; al-Qurtubi, *al-dschami'*, I/207; al-Andalusi, *al-bahru-l-muhit*, I/253.
35 Mustafa Öztürk, *Cahiliyeden İslamiyet'e Kadın*, S. 80.
36 at-Tabari, *dschami'u-l-bayan*, I/267, III/566; Ibn Kathir, *tafsiru-l-qur'ani-l-adhim*, I/79.
37 Auch diese Überlieferung Ibn Abbas' im Tafsir Ibn Kathirs folgt einer Darstellung aus der Tora: »Gott sprach zu der Frau: ›Und nach deinem Manne wird dein Verlangen sein.‹ Gott sprach zu Adam: ›Denn Staub bist du, und zum Staube wirst du zurückkehren!‹« (Genesis: 3, 16.19).
38 al-Bukhari, *Nikah*, Nr.. 4787; Muslim, *Ridaa*, Nr. 2671.
39 Husein Đozo, *Islam u vremenu*, S. 199.
40 Bauer: »*Traditional*« *Exegesis of Q 4:34*. S. 129.
41 Bauer: »*Traditional*« *Exegesis of Q 4:34*. S. 132.
42 al-Qurtubi, *al-dschami'*, V/111; at-Tabari, *dschami'u-l-bayan*, IV/59-60; al-Dschassas, *ahkamu-l-qur'an*, III/148-149; az-Zamachschari, *al-kasch-schaf*, I/523.
43 Ibn al-Arabi, *ahkamu-l-qur'an*, I/531.
44 Ibn Kathir, *tafsir al-qur'an al-adhim*, S. 281.
45 al-Maturidi, *ta'wilatu ahlis-sunnah*, III/157.
46 Ibn Qaiyim al-Dschauziya, *i'ilam al muwaqqe'in*, II/106.
47 İhsan Eliaçık, *Bana Dinden Bahset*, S. 123.
48 Murad W. Hofmann, *Der Islam im 3. Jahrtausend*, S. 140.
49 Muhammad Ammara, *at-tahrir al-islamiy lil-mar'a*, S. 112.
50 Ibn Kathir, *tafsir al-qur'an al-adhim*, S. 281.
51 İhsan Eliaçık, *Bana Dinden Bahset*, S. 122.
52 Husein Đozo, *Izabrana djela*, - Kur'anske studije, II/171.
53 https://www.bka.de/DE/AktuelleInformationen/StatistikenLagebilder/Lagebilder/Partnerschaftsgewalt/partnerschaftsgewalt_node.html
54 Siehe den Kommentar zu Vers 4:34 in den Korankommentar-Werken von: Mustafa İslamoğlu, *Hayat Kitabı*

Kur'an, gerekçeli Meal-Tefsir; Hasan Elik, *Tevhit Mesajı;* İhsan Eliaçık, *Yaşayan Kur'an;* Bayraktar Bayraklı, *Yeni Bir Anlayışın Işığında Kur'an Tefsiri.*

55 az-Zabidi, *tadschu-l-'urus,* S. 168.
56 Abdulhamid A. Abulsulayman, *Marital Discord Recapturing the Full Islamic spirit of Human Dignity,* The International Institute of Islamic Thought, S. 17.
57 Zentrum für Islamische Frauenforschung und Frauenförderung, *Ein einziges Wort und seine große Wirkung. Eine hermeneutische Betrachtungsweise zu Qur'an Sura 4, Vers 34, mit Blick auf das Geschlechterverhältnis im Islam,* S. 60.
58 Abu Dawud, Nr. 2146.
59 Ahmad ibn Hanbal, Nr. 6/236.
60 Abu Dawud, Nr. 2146.
61 as-San'aani, *musannaf,* Nr.1736.
62 al-Bukhari, *Nikah,* Nr. 4906.
63 İbrahim Sarmış, *Rivayet Kültürü ve Olumsuz Kadın Algısı,* S. 152-172.

Der Prophet – ein Kämpfer für Frauenrechte

1 Pierre Crabites, zitiert in Allama Sir Abdullah Al-Mamun Al-Suhrawardy, *The Wisdom of Muhammad,* S. 20.
2 Said al-Afghani, *al-islam wal-mar'a,* S. 48.
3 at-Tabari, *as-samtuth-thamin fi manaqibi ummahat al-mu'minin,* S. 183.
4 al-Bukhari, 49/13.
5 Im Arabischen *uff* – ein Wort oder Laut, der Verachtung, Abneigung oder Abscheu anzeigt. Muhammad Asad, *Die Botschaft des Koran,* S. 534. Fußnote 27.
6 al-Bukhari, Nr. 5971.
7 Ahmad ibn Hanbal, Nr. 26238; at-Tirmidhi, Nr. 113.
8 at-Tirmidhi, Nr. 1162; Ahmad ibn Hanbal, Nr. 7402.
9 an-Nesai, Nr. 3939.

10 az-Zarkaschi, *al-idschabah liyrad ma istadrakathu Aischa alas-sahabah*, S. 123.
11 Ahmad ibn Hanbal, Nr. 6/106; az-Zarqani, *scherhu-l-mewahib*, 4/263.
12 Ahmad ibn Hanbal, Nr. 6/236.
13 Ahmad ibn Hanbal, Nr. 6/39; Abu Dawud, Nr. 2578.
14 al-Bukhari, Nr. 3818.
15 Ahmad ibn Hanbal, Nr. 6/81; *as-samtu-th-thamin*, S. 182.
16 al-Bukhari, Nr. 6968 und Muslim, Nr. 1419.
17 al-Bukhari, Nr. 6/170.
18 Ibn Madscha, Nr. 1874.
19 al-Baihaqi, Nr. 12000.
20 al-Bukhari, Nr. 858; Muslim, Nr. 442.
21 al-Bukhari, Nr. 6149; Muslim, Nr. 2323.
22 an-Nesai, Nr. 9666.
23 Abu Dawud, Nr. 5156; Ibn Madschah, Nr. 2698.
24 Yahiya Emerick, *Muhammad*, S. 142.
25 al-Bukhari, *Nikah* 9; Fatma Köksal, *Müctehidlerin Kadın Aleyhine Taraflı Tutumların Sebebi*, Islamiyat, (2002), Nr. 22, S. 72.
26 Siehe elf Beispiele, die Fatma Köksal aus den Fiqh-Büchern von vier Rechtsschulen gesammelt hat: Fatma Köksal, *Müctehidlerin Kadın Aleyhine Taraflı Tutumların Sebebi*, Islamiyat, (2002), Nr. 22, S. 71-79.
27 Đermana Šeta, *Zašto marama - Bosanskohercegovačke muslimanke o životu i radu pod maramom*, CNS, Sarajevo 2011, S. 20.
28 Ataullah Aliu, *Kur'anski koncept za pojam fitne i tumačenja mufessira*, S. 11.
29 Ali Osman Ateş, *Hadis Temelli Kalıp Yargılarda Kadın*, S. 65-66.
30 Ahmad ibn Hanbal, *ahkamun-nisa'*, S. 145; Mehmed S. Hatiboglu, *Kadına Dinin Verdigini Fazla Bulanlar*, Islamiyat III (2000) Nr. 22, S. 9.
31 Bukhar, *Hayd*, Nr. 293.
32 Muslim, Nr. I/603-604.

33 Hidayet Şefkatlı Tuksal, *Kadın Karşıtı Söylemin İslam Geleneğindeki İzdüşümleri*, S. 126.
34 adh-Dhahabi, *mizan*, II/139-140.; Ibn Hadschar, *tehdhib*, II/449-451.
35 adh-Dhahabi, *mizan*, II/243-244.; Ibn Hadschar, *tehdhib*, II/308-309.
36 Ali Osman Ateş, *Hadis Temelli Kalıp Yargılarda Kadın*, S. 178.
37 Irene Schneider, *Der Islam und die Frauen*, S. 49-50
38 Ali Osman Ateş, *Hadis Temelli Kalıp Yargılarda Kadın*, S. 232.
39 at-Tirmidhi, Nr. 1159.
40 Bayraktar Bayraklı, *Kur'anda Hz. Peygamber*, S. 56.
41 al-Bukhari, Nr. 5093; Muslim, Nr. 2252.
42 Ahmad ibn Hanbal, Nr. IV, 246.
43 A. Silajdžić i S. Beglerović, *Akaidska učenja Ebu Hanife*, S. 266.
44 Bayraktar Bayraklı, *Kur'anda Hz. Peygamber*, S. 54.
45 Ahmad ibn Hanbal, Nr. 26238; at-Tirmidhi, Nr. 113.
46 Muslim, Nr. 4710.
47 At-Tirmidhi, Nr. 1977.
48 Hidayet Şefkatlı Tuksal, *Kadın Karşıtı Söylemin İslam Geleneğindeki İzdüşümleri*, S. 107.

Die Frau in der Moschee

1 Malik, *muwatta'*, *Taharet*, 3; al-Bukhari, *Wudu*, 43; Nikah, 116; Abu Dawud, *Taharet*, 39; Ahmad ibn Hanbal, Nr. II, 76.
2 *Jasser Auda, Reclaiming the Mosque: The Role of Women in Islam's House of Worship, Claritas Books, 2017.*
3 al-Bukhari, Nr. 858; Muslim, Nr. 442.
4 Abu Dawud, Nr. 567, Ahmad ibn Hanbal, Nr. 26584, Ibn Huzayma, Nr. 1683.
5 Ahmad ibn Hanbal, Nr. 27135, Ibn Huzayma, Nr. 1689, Ibn Hibban, Nr. 2217.

6   Muslim, Nr. 444.
7   at-Tirmidhi, Nr. 1093.
8   Muhammad al-Ghazali, *al-istibdad as-siyasi fi-l mudschtamaati-l-arabiyyati wa-l-islamiyyati*, S. 12.
9   Ibn Madscha, 3/381; Nr. 1071.
10 Ibn Hadschar, *tahdhib at-tahdhib*, 6/19.
11 https://www.al-qaradawi.net/node/4192?fbclid= IwAR23aQCXp7h1pD3xfrJsHR57-cunLK-MTxByVw-DuNuDuf2JrMzXd9vE_leg
12 Ibn Ruschd, *bidayetu-l-mudschtahid*, I/354-355.
13 an-Nawawi, *al-madschmu'*, VI/223.
14 Yahya bin Hubayra, *al-ifsah an meani as-sihah*, I/145.
15 Ibn Taymiya, *naqd meratibu-l-idschma*, (Ibn Hazm, *meratibu-l-idschma*), S. 290; Ibn Taymiya, *al-qawaid al-nuraniya*, I/78.
16 Abu Dawud, *Salat*, 61, Ahmad ibn Hanbal, Nr. VI/405; Ibn Sa'd, *at-tabakat*, VIII/457; al-Baihaqi, *sunenu-l kubra*, I/456.
17 Husein Đozo, *Izabrana djela*, II/133 und 342.
18 Husein Đozo, *Izabrana djela*, V/307.
19 http://www.binbaz.org.sa/noor/7615
20 Abu Dawud, Nr. 1067.
21 adh-Dhahabi, *siyar al-a'alm an-nubala*, (kibar at-tabiin, Tariq bin Schihab), Band 3.
22 Maududi, *tafhimul-qur'an;* Ali Rıza Demircan, *Hac ve Umre Yüceliğe Çağrıdır*, S. 343-345.
23 Murad W. Hofmann, *Der Islam im 3. Jahrtausend*, S. 137.
24 al-Bukhari, Nr. 351; Muslim, Nr. 890.
25 Ibn Madscha, Nr. 1309.
26 Muslim, *Hayd*, 3/16; Abu Dawud, *Tahara*, 102 (258), *Nikah*, 46; at-Tirmidhi, *Tafsir*, 2/24; Nesei, *Tahara*, 180, *Hayd*, 8.
27 al-Bukhari, *Hayd*, Nr. 305; Muslim, *Hadsch*, Nr. 1235.

Bedeckung als ethische und ästhetische Pflicht

1. Đermana Šeta, *Zašto marama - Bosanskohercegovačke muslimanke o životu i radu pod maramom*, S. 15
2. Muslim, Nr. 2564.
3. Đermana Šeta, *Zašto marama - Bosanskohercegovačke muslimanke o životu i radu pod maramom*, S. 17
4. Katherine Bullok, *Odijevanje muslimanki*, S. 219.
5. at-Tabari, *dschamiu-l-bayan*, X/332; al-Bagawi, *mealimu-t-tenzil*, II/543-544.
6. al-Dchassas, *ahkamu-l-qur'an*, V/245.
7. Ibn Abi Zemenin, *tafsir*, II/171.
8. Murad W. Hofmann, *Der Islam im 3. Jahrtausend*, S. 144
9. Đermana Šeta, *Zašto marama - Bosanskohercegovačke muslimanke o životu i radu pod maramom*, S. 16.
10. Samuel 7:10; Der erste Brief an die Korinther, 11: 3-9; Das erste Buch Mose 2:18.
11. Murad W. Hofmann, *Der Islam im 3. Jahrtausend*, S. 134
12. Murad W. Hofmann, *Der Islam im 3. Jahrtausend*, S. 142
13. İlhami Güler, *Direniş Teolojisi*, S. 123-124.
14. Muslim, Nr. 91.
15. Amani Abuzahra, *Mehr Kopf als Tuch*, S. 5

Männer und die »72 Jungfrauen« im Paradies

1. Koran: 44:54; 52:29; 55:72; 56:22.
2. Koran: 18:31; 22:23; 35:33; 76:21.
3. al-Maturidi, *ta'wilatu-l-qur'an*, XII/43.
4. https://www.youtube.com/watch?v=CwroV3__E9w
5. Muhammad Asad, *Die Botschaft des Koran*, S. 1021. (Siehe Vers: 56:22)
6. Mehmet Okuyan, *Kur'an Sözlügü*, Begriff: Huri, S. 270.
7. Mehmet Okuyan, *Kur'an Sözlügü*, Begriff: Zevc, S. 398-401.
8. Siehe zum Beispiel die unterschiedliche Übersetzung des Wortes *zawdsch/azwadsch* bei dem Vers 2:25. Mu-

hammad Asad übersetzt als »Ehepartner« und Hartmut Bobzin als »Ehefrauen«.
9   Siehe Stellen im Koran, wonach Gott das Paradies als Friede beschreibt: 6:127; 7:46; 10:10; 13:24; 14:23; 15:46; 16:32; 19:62; 25:75; 33:44; 36:58; 39:73; 50:34; 56:26 und 91.

Ein abschließendes Wort an die muslimische Frau in Deutschland, die heiraten oder sich scheiden lassen will

1   https://freitagsworte.de/index.php/2018/12/14/fest-wie-ein-knoten/#more-923
2   Willi Steul, *Koran erklärt*, S. 136.

Bibliografische Information der Deutschen Nationalbibliothek
Die Deutsche Nationalbibliothek verzeichnet diese Publikation
in der Deutschen Nationalbibliografie; detaillierte bibliografische
Daten sind im Internet über https://portal.dnb.de abrufbar.

climate-id.com/12559-1708-1001

Verlagsgruppe Random House FSC® N001967

1. Auflage
Copyright © 2019 Gütersloher Verlagshaus, Gütersloh,
in der Verlagsgruppe Random House GmbH,
Neumarkter Str. 28, 81673 München

Sollte diese Publikation Links auf Webseiten Dritter enthalten,
so übernehmen wir für deren Inhalte keine Haftung, da wir uns
diese nicht zu eigen machen, sondern lediglich auf deren Stand
zum Zeitpunkt der Erstveröffentlichung verweisen.

Umschlaggestaltung: Gute Botschafter GmbH, Haltern am See
Umschlagmotiv: © Anna Poguliaeva – shutterstock.com
Druck und Bindung: Friedrich Pustet GmbH & Co. KG, Regensburg
Printed in Germany
ISBN 978-3-579-01463-0

www.gtvh.de

Mit solidem Basiswissen gegen Vorurteile!

Was jeder vom Islam wissen muss
Hrsg. von Inken Wöhlbrand und Martin Affolderbach

Vollständig überarbeitete Neuausgabe
368 Seiten / mit 30 sw-Abbildungen / kartoniert
ISBN 978-3-579-06559-5

Erfahren Sie mehr zu diesem Buch unter
www.gtvh.de

Nur der Abbau von Ressentiments, fundiertes Wissen und gegenseitige Achtung können helfen, das Zusammenleben von Muslimen und Christen zu verbessern. Mit diesem Ziel informiert dieses Handbuch in kurzen und übersichtlichen Abschnitten über Glauben und Leben im Islam, über seine Geschichte und Gegenwart sowie die Parallelen zwischen Islam und Christentum.

GÜTERSLOHER
VERLAGSHAUS

Die heilige Schrift des Islams – sensibel und lesbar übersetzt

Der Koran
Mit einem Vorwort von
Inamullah Kahn
Aus dem Arabischen von
Adel Theodor Khoury

624 Seiten / kartoniert
ISBN 978-3-579-08024-6

Erfahren Sie mehr zu
diesem Buch unter
www.gtvh.de

Was für Muslime Richtschnur des Glaubens und der Lebensführung ist, findet sich in erster Linie im Koran. Wer das Buch der Bücher des Islams verstehen möchte, findet in diesem Werk von Adel Theodor Khoury eine nicht nur im deutschen Sprachraum einmalige Hilfe, sondern eine auch in der islamischen Welt anerkannte deutsche Übersetzung. Sie zeichnet sich aus durch hohe Lesbarkeit einerseits und Treue zum Original andererseits. Wo mehrere Deutungen möglich sind, räumt sie der islamischen Tradition den Vorzug ein.

GÜTERSLOHER
VERLAGSHAUS